Ingresos pasivos y libertad financiera- 2 libros en 1

No necesitas saber de negocios ni tener ahorros para para invertir con inteligencia y ganar dinero. Aprende el camino, herramientas y técnicas

La última guía de ingresos pasivos

Las últimas ideas de negocios confiables y rentables gana $10,000/mes con marketing de afiliación, blogs, envío directo, amazon fba, y más

Copyright 2019 - Todos los derechos reservados

El siguiente eBook se reproduce a continuación con el objetivo de proporcionar información lo más precisa y fiable posible. A pesar de todo, la compra de este eBook puede considerarse como un consentimiento al hecho de que tanto el editor como el autor de este libro no son de ninguna manera expertos en los temas tratados en él y que cualquier recomendación o sugerencia que se haga en el presente documento es solo para fines de entretenimiento. Los profesionales deben ser consultados cuando sea necesario antes de emprender cualquiera de las acciones aquí aprobadas.

Esta declaración es considerada justa y válida tanto por la Asociación Americana de Abogados como por el Comité de la Asociación de Editores y es legalmente vinculante en todos los Estados Unidos.

Además, la transmisión, duplicación o reproducción de cualquiera de los siguientes trabajos, incluyendo información específica, se considerará un acto ilegal, independientemente de si se realiza por vía electrónica o impresa. Esto se extiende a la creación de una copia secundaria o terciaria de la obra o de una copia grabada y solo se permite con el consentimiento expreso por escrito del Editor. Todos los derechos adicionales reservados.

La información de las páginas siguientes se considera en general como un relato veraz y preciso de los hechos y, como tal, cualquier falta de atención, uso o uso indebido de la información en cuestión por parte del lector hará que las acciones resultantes queden únicamente bajo este ámbito. No hay escenarios en los que el editor o el autor original de este trabajo pueda ser considerado de alguna manera responsable por cualquier dificultad o daño que les pueda ocurrir después de haber asumido la información aquí descrita.

Además, la información de las páginas siguientes está destinada únicamente a fines informativos y, por lo tanto, debe considerarse como universal. Como corresponde a su naturaleza, se presenta sin garantía de su validez prolongada o de su calidad provisional. Las marcas registradas que se mencionan se hacen sin consentimiento por escrito y de ninguna manera pueden ser consideradas como un endoso del titular de la marca registrada.

Tabla de Contenidos

INTRODUCCIÓN 7

CAPÍTULO 1 - EL INGRESO PASIVO DE LOS PRINCIPIANTES 10
- CUATRO TIPOS DE INGRESOS PASIVOS 12
- CINCO PASOS DE INICIO RÁPIDO PARA UN INGRESO PASIVO 14
- CINCO HERRAMIENTAS INGENIOSAS DE MICRO INVERSIÓN 22

CAPÍTULO 2--DESCUBRA EL ÉXITO DE LA AUTOEDICIÓN 27
- CÓMO ESCRIBIR UN LIBRO. SU CAMINO HACIA LA OBTENCIÓN DE GRANDES BENEFICIOS EN LA AUTOEDICIÓN 30
- COMERCIALIZACIÓN DE SU LIBRO. CONSEJOS PARA MAXIMIZAR LOS BENEFICIOS DE SU LIBRO 40
- CONSEJOS PARA PUBLICAR LIBROS DE AUDIO 42
- SEIS PASOS HACIA LA OBTENCIÓN DE INGRESOS ADICIONALES MEDIANTE LA PUBLICACIÓN DE CURSOS EN LÍNEA 45

CAPÍTULO 3--BLOGGING PARA GRANDES GANANCIAS 51
- LA VERDAD SOBRE GANAR A TRAVÉS DE LOS BLOGS 51
- SIETE MANERAS DE OBTENER INGRESOS DE LOS BLOGS 57

CAPÍTULO 4-HAGA INGRESOS PASIVOS EN INTERNET HOY 62
- TODO LO QUE NECESITAS SABER SOBRE LA COMERCIALIZACIÓN DEL AFILIADO 62
- CINCO PASOS PARA CONVERTIRSE EN UN VENDEDOR DEL AFILIADO 64
- GANA DINERO CON EL ENVÍO DE DINERO 71

CINCO PASOS ESENCIALES EN LA CREACIÓN DE UNA EMPRESA DE DROPSHIPPING 72

CAPÍTULO 5: HÁGASE MÁS RICO MIENTRAS DUERME 76

AMAZONAS FBA 76
TODO LO QUE NECESITA SABER SOBRE LAS OPORTUNIDADES DE PRÉSTAMOS ENTRE PARES 79
40 MANERAS EN QUE PUEDE USAR SUS HABILIDADES O INTERESES PARA OBTENER UN INGRESO PASIVO 82

CAPÍTULO 6--HAGA INVERSIONES ASESINAS 89

CÓMO EMPEZAR A INVERTIR EN ACCIONES 89
TODO ACERCA DE CD LADDERING 94
CUATRO MANERAS SIMPLES DE OBTENER INGRESOS POR INVERSIONES INMOBILIARIAS 95

CONCLUSIÓN 99

Introducción

Veamos algunas de las razones por las que está interesado en encontrar algunas fuentes de ingresos adicionales. Tal vez usted ya tiene un trabajo, pero el dinero que gana de ese trabajo nunca parece proporcionar suficientes ingresos para satisfacer todos sus deseos y necesidades. O tal vez usted está ganando suficientes ingresos para satisfacer sus deseos y necesidades actuales, pero no puede imaginarse trabajando para siempre. Le gustaría hacer la transición a una carrera o carreras que te ofrezcan más independencia, más flexibilidad, más ingresos, o todo lo anterior. O tal vez usted está buscando una manera de complementar sus ingresos actuales sin gastar mucho tiempo en hacerlo. No está buscando necesariamente "dinero fácil", pero sería bueno que pudieras complementar sus ingresos sin tener que dedicar mucho tiempo a ello.

En este libro, voy a proporcionarle la información que necesitará para crear fuentes de ingresos adicionales para usted sin tener que dedicar mucho tiempo extra para hacerlo. Es posible que haya oído que la gente se jacta de ganar dinero mientras duerme. Bueno, los flujos de ingresos pasivos pueden permitirle hacer exactamente eso: ganar dinero mientras duerme. Sí, se requerirá un esfuerzo inicial, pero le mostraré algunas maneras de obtener ingresos adicionales con un esfuerzo mínimo. En algunos casos, usted podrá usar su dinero para ganar más dinero. Por otro lado, si usted no tiene el dinero necesario para ganar más dinero, le mostraré algunas otras maneras en las que puede aumentar sus flujos de ingresos con poca o ninguna inversión financiera. Así que, si tienes el dinero para ganar más dinero, pero no el tiempo, puedo ayudarte. De la misma manera, si usted tiene el tiempo, pero no el dinero para hacer más dinero, yo puedo ayudarle.

Mi nombre es David Allen. Me llamo a mí mismo un experto en el "side hustle". Durante años, investigué y probé muchas maneras diferentes de crear ingresos adicionales para mí y mi familia. Mi misión en la vida es encontrar maneras fáciles y prácticas de obtener ingresos adicionales. Durante mi viaje, he desarrollado algunas formas probadas y verdaderas para que la gente pueda obtener ingresos adicionales. Y sí, he cometido algunos errores en el camino, pero siempre me alegra que los demás aprendan de mis errores y equivocaciones. A medida que envejezco, me doy cuenta de que mis errores son cada vez más frecuentes. Ahora estoy en un punto en el que creo que tengo mucha buena información para compartir con otros. He demostrado que puedo establecer grandes flujos de ingresos pasivos, muchos de los cuales requieren muy poco tiempo y esfuerzo.

En el pasado, he impartido muchos de mis hallazgos a amigos que estaban ansiosos por aprender a obtener un ingreso más pasivo. Muchos de esos amigos se han beneficiado sustancialmente de mis conocimientos y experiencia en la creación de sus propias fuentes de ingresos pasivos. Algunos de ellos incluso me dan crédito por haber cambiado sus vidas; muchos de ellos a menudo me han animado a escribir este libro y compartir mi vasto conocimiento con otros que buscan mejorar su propia situación financiera. Espero que usted sea una de las personas que se beneficie enormemente de mis conocimientos y experiencia.

Con la información que proporciono, usted podrá crear fuentes de ingresos adicionales para sí mismo. Podrá ganar o ahorrar dinero extra inmediatamente con algunas de las ideas que le ofrezco. Otras fuentes de ingresos pueden tomar un poco más de tiempo, pero en la mayoría de los casos, usted debería ser capaz de empezar a ganar ingresos adicionales sin tener que pasar mucho tiempo trabajando en ello. Al leer este libro, notará que hay muchas maneras diferentes de obtener ingresos adicionales. Usted tendrá que determinar cuál de estas fuentes de ingresos funcionará para usted. Y una vez que lo determine, estará bien encaminado hacia la obtención de algún ingreso adicional a través de las diferentes corrientes disponibles para usted.

Ya que está leyendo este libro, asumo que probablemente le gustaría empezar a ganar ingresos extra más pronto que tarde. Con esto en mente, lo animo a que empieces a cambiar su vida ahora mismo implementando algunos de los consejos y técnicas que le estoy ofreciendo. Al escribir un libro de autoayuda como este, siempre existe el peligro de que el lector se suscriba a las ideas ofrecidas, pero luego decida ponerlas en práctica. Como todos sabemos, muchas veces, las personas que deciden implementar los cambios más tarde dejarán de lado las ideas y nunca volverán a ellas. Con esto en mente, me gustaría animarlo a que comience a implementar estas ideas hoy mismo. Después de todo, ¿por qué esperar para hacer cambios que le permitan obtener ingresos adicionales y lo pongan en el camino hacia la independencia financiera? A menos que usted ya sea rico, estoy seguro de que estará contento de empezar a ganar algún ingreso extra inmediatamente.

Los consejos y técnicas que ofrezco pueden dar resultados increíbles, si tan sólo se toma el tiempo para ponerlos en práctica. Cada capítulo de este libro debe ayudarle en sus esfuerzos por crear fuentes de ingresos adicionales sin gastar mucho tiempo en implementar o mantener estas fuentes. Cuando termine de leer este libro, sabrá todo acerca de los flujos de ingresos pasivos y cómo pueden cambiar su vida. Juntos, podemos hacer que suceda.

Capítulo 1 - El ingreso pasivo de los principiantes

Antes de que pueda empezar a explicarle cómo puede empezar a obtener ingresos pasivos, me gustaría definir primero el término "ingresos pasivos" y explicarle en qué se diferencia de otras formas de ingresos.

Algunos de ustedes pueden haber escuchado la frase, "Gana dinero mientras duermes". Este concepto es a menudo paralelo al concepto de ingresos pasivos.

Los ingresos pasivos son los ingresos que resultan del flujo de caja recibido de forma regular, con poco o ningún esfuerzo o participación por parte del receptor. Aunque yo no clasificaría el ingreso pasivo como "dinero fácil", señalaré que muchas fuentes de ingreso pasivo ofrecen oportunidades para que la gente gane dinero sin mucho esfuerzo. Sí, puede ser necesario un cierto esfuerzo al principio de cualquier oportunidad de ingresos pasivos. Sin embargo, después de ese esfuerzo inicial, muchas corrientes de ingresos pasivos permiten a los receptores obtener ingresos de manera continua sin mucha participación, esfuerzo o mantenimiento.

El Servicio de Impuestos Internos de los Estados Unidos enumera tres categorías de ingresos: ingresos activos, ingresos pasivos e ingresos de cartera. Ofreceré una breve descripción de cada categoría de ingresos para que podamos identificar la categoría de ingresos pasivos en la que nos centraremos en este libro.

El ingreso activo es el ingreso que una persona obtiene de un trabajo estándar o de una carrera convencional. Si usted es un camarero, un ejecutivo de mercadeo, un enfermero, o un maestro... cualquier carrera estándar, el salario que usted gana al hacer ese trabajo se considera un ingreso activo. Se llama ingreso activo porque usted es activo para obtener ese ingreso. Por ejemplo, si usted es un camarero y decide no ir a trabajar por un par de semanas, es probable que no le paguen o que no obtenga ningún ingreso de ese trabajo. Sólo obtendrá ingresos del trabajo si está activo en él.

Es posible que haya escuchado que la gente se refería a su trabajo principal como su trabajo "A" y a su trabajo secundario de aventura o ajetreo como su trabajo "B". Cuando las personas se refieren al trabajo "A", casi siempre se refieren a trabajos de ingresos activos en los que obtienen un ingreso estable como resultado de su participación en esa carrera. Y muchas personas utilizan los ingresos de su trabajo "A" para entrar en las otras dos categorías de ingresos: los ingresos pasivos y los ingresos de cartera.

Los ingresos de la cartera son ingresos derivados de actividades tales como inversiones, dividendos, intereses, ganancias de capital y regalías. Los ingresos de la cartera no se obtienen a través de la actividad comercial regular. Estos ingresos no se derivan de inversiones de los ingresos pasivos y no se obtienen a través de actividades comerciales regulares.

Los ingresos pasivos, el tipo de ingresos en el que nos centraremos con este libro, son ingresos que se derivan regularmente de actividades que requieren poco o ningún esfuerzo o participación por parte del receptor. Como ya he señalado, el ingreso pasivo no siempre es "dinero fácil" o "dinero que se gana durmiendo", ya que muchas actividades de ingreso pasivo requieren al menos un esfuerzo inicial por parte de la persona que espera beneficiarse. Y muchas actividades de ingresos pasivos requieren un mantenimiento continuo para que sigan siendo exitosas.

Cuatro tipos de ingresos pasivos

Antes de que comience a explicarle algunas maneras en las que puede obtener ingresos pasivos, explicaré los cuatro tipos de actividades de ingresos pasivos, cómo funcionan y en qué se diferencian entre sí. Aquí están los cuatro tipos de actividades de ingresos pasivos:

1) **Utilice efectivo para comprar activos de flujo de efectivo.** Este es el enfoque de "usar el dinero para hacer dinero". Ahora, antes de que se desanime, nos damos cuenta de que no todos tienen el dinero requerido para participar en esta opción. Para aquellos que no lo hagan, les seguirán otras opciones muy viables que no requieren dinero en efectivo. Pero para aquellos que tienen dinero para usar en el aumento de sus activos, podrán hacer cosas como inversiones en bienes raíces, inversión de dividendos y préstamos comerciales para aumentar sus ingresos pasivos. Dicho esto, muchas personas que tienen el "dinero para hacer dinero" se dan cuenta de que no tienen tiempo para poner su dinero a trabajar para ellos. Con esto en mente, le daré algunas recomendaciones sobre cómo puede usar su dinero para ganar más dinero sin tener que dedicar mucho tiempo extra para hacerlo.

2) **Construir Activos de Flujo de Caja.** Si no tiene montañas de dinero en efectivo para invertir, no se desespere. Usted no está solo. Usted todavía puede construir sus ganancias pasivas de ingresos. Muchas personas han aumentado sus ingresos pasivos, gastando poco o nada de dinero. Algunos han creado productos digitales o sitios web. Otros han desarrollado blogs, conceptos de comparación de compras, conceptos de marketing de afiliación, o incluso cursos de enseñanza en línea para crear flujos de ingresos continuos. Aunque la mayoría de estas actividades requieren un poco de tiempo y esfuerzo inicial, pueden proporcionar flujos de ingresos que durarán mucho tiempo, sin ningún gasto inicial.

3) Vender o compartir activos. ¿Tiene activos que posee o controla y que puede convertir en fuentes de ingresos pasivas? Si mira a su alrededor, probablemente pueda identificar algunos activos tangibles que podrían venderse o compartirse para producir ingresos adicionales. Por ejemplo, ¿tiene una bicicleta estática que ya no utiliza y que ocupa espacio en su garaje? Ese es un artículo que usted probablemente podría vender para ganar algún ingreso extra. ¿Tiene un coche y tiempo extra para conducir? Si es así, usted puede ganar algún ingreso pasivo convirtiéndose en un conductor de Uber o Lyft. ¿Coleccionabas tarjetas de béisbol de niño? Tal vez es hora de vender esas tarjetas. ¿Tiene una habitación extra en su casa? Tal vez podrías alquilar esa habitación extra. ¿Tiene un cobertizo vacío en su propiedad? Tal vez podrías alquilar este cobertizo como almacén. Es muy probable que ya tenga activos allí que puedan ser convertidos en efectivo. Mire a su alrededor y vea qué activos ya posee o controla. Es casi seguro que descubrirá que algunos de estos activos pueden convertirse en fuentes de ingresos pasivas.

4) Ingreso pasivo inverso. Con esta actividad de ingresos pasivos, usted estará ahorrando dinero en lugar de ganar dinero. Lo hará reduciendo sus gastos continuos. Por ejemplo, usted podría reducir su factura de televisión por cable renegociándola o haciendo que un servicio de negociación lo haga por usted. Incluso si usted sólo logra un ahorro de $20 por mes, eso ascenderá a $240 anuales. También puede negociar las tasas de interés de las tarjetas de crédito o cambiar a tarjetas de crédito que tengan mejores tasas o atractivas ofertas introductorias. Si está almacenando algunas de sus pertenencias en una instalación de almacenamiento, ¿puede deshacerse de parte del contenido de esa unidad para poder alquilar una unidad más pequeña y menos costosa? Entiende la idea…mire sus gastos mensuales y vea si hay una manera de reducir algunos de esos gastos para ahorrar dinero. Eso es un ingreso pasivo inverso. Y aunque esta actividad no le hará ganar más dinero, le permitirá ahorrar algo de dinero que sin duda se puede utilizar para ganar más dinero.

Cinco pasos de inicio rápido para un ingreso pasivo

Vamos a empezar con algunas ideas para que empiece a ganar ingresos pasivos de forma rápida. La mayoría de las siguientes propuestas se ofrecen con la idea de que no requerirán mucho tiempo en su inicio o en establecerse. Más adelante en este libro se presentarán ideas sobre fuentes de ingresos pasivos que requieren mucho más tiempo. Mi objetivo es que empiece inmediatamente con algunas fuentes de ingresos pasivos que requieren muy poco tiempo. Entonces, una vez que se dé cuenta de que puede obtener ingresos de estos flujos, puede proceder a flujos más complejos que requieren más tiempo para iniciarlos.

1) **Tarjetas de crédito.** Como la mayoría de la gente tiene tarjetas de crédito, y muchas de esas personas usan tarjetas de crédito para sus compras continuas, comencemos con cómo puede obtener ingresos pasivos de sus tarjetas de crédito.

Hay un número de cosas que usted puede hacer con sus tarjetas de crédito para asegurarse de que obtiene el máximo ingreso pasivo de esas tarjetas.

Lo primero que debe considerar son los cargos que acompañan a sus tarjetas de crédito. Esto incluye las cuotas anuales y las tasas de interés. Tengo la sensación de que nunca debe pagar una cuota anual por una tarjeta de crédito que esté utilizando regularmente, a menos que los beneficios y recompensas que reciba por tener esa tarjeta superen con creces la cuota anual. Los cargos anuales por tarjeta de crédito oscilan entre $25 y $500 por tarjeta. Hay muchas tarjetas de crédito por ahí que anuncian que no tienen cargos anuales y si su compañía de tarjeta de crédito le está cobrando un cargo anual, le sugiero que considere cambiar a otra compañía de tarjeta de crédito o llame a su compañía de tarjeta de crédito actual y pídales que anulen su cargo anual. Usted debe saber que casi todas las compañías de tarjetas de crédito están abiertas a renunciar a las cuotas anuales, especialmente durante el primer año.

A continuación, debe averiguar cuáles son las tasas de interés de sus tarjetas de crédito y luego compararlas con las tasas ofrecidas por otras compañías de tarjetas de crédito. Si usted paga el saldo total de su tarjeta todos los meses, la tasa de interés que obtenga en su tarjeta no importará mucho, sin embargo, si usted tiene un saldo continuo en esa tarjeta que no puede pagar completamente todos los meses, entonces su tasa de interés debe ser una consideración importante y debe comparar su tasa actual con las tasas ofrecidas por otras tarjetas. Hay muchos sitios en Internet que comparan las tasas de las tarjetas de crédito, y usted debe ser capaz de comparar fácilmente sus tasas con otras tasas con el simple clic. Una vez más, si su tasa de interés actual no es de su agrado, pero le gusta la compañía de su tarjeta de crédito, debería considerar llamar a la compañía de su tarjeta de crédito y pedirles que reduzcan su tasa a un nivel más competitivo. Sí, es posible que no se ajusten a su petición, pero lo peor que puede pasar es que digan "no". Entonces, si la tasa de su tarjeta no es competitiva, puede considerar cambiar de compañía de tarjetas de crédito.

Otra consideración con las tarjetas de crédito son los beneficios o recompensas que usted recibe con su tarjeta. ¿Su tarjeta ofrece un programa de devolución de dinero? Si es así, ¿cuál es el porcentaje de devolución de dinero y cómo se compara con otras tarjetas? ¿O tiene una tarjeta de recompensas de viaje? Si lo hace, asegúrese de que planea utilizar las millas de viaje que se están acumulando, antes de que expiren. He conocido gente que tiene tarjetas de crédito con recompensas de viaje que ya no son viajeros. Estas personas, estarían mejor adaptadas a una tarjeta de crédito que ofrezca recompensas que no sean millas de viaje. Algunas tarjetas de crédito ofrecen tarjetas de regalo como recompensa. Una vez más, usted debe comparar esas tarjetas con otras recompensas de devolución de dinero o de tarjetas de regalo para asegurarse de que su compañía de tarjetas de crédito sea competitiva. Si no es así, considere la posibilidad de cambiar a otra compañía de tarjetas de crédito.

2) **Programas de recompensas.** Otra manera de aumentar su poder de ganancia es inscribirse en programas de recompensas en lugares donde usted compra regularmente. Por ejemplo, mi cadena de supermercados tiene un programa de recompensas en el que recibo descuentos periódicos en los artículos que compro y descuentos regulares en las compras de gasolina en su estación de servicio. Cuando me inscribí en este programa, me inscribí en línea en menos de cinco minutos. No tengo que llevar una tarjeta de plástico en mi billetera; sólo les doy mi número de teléfono cada vez que hago una compra. En promedio, ahorro de 20 a 30 centavos por galón en su estación de servicio cada vez que reabastezco mi auto. De manera similar, compro suministros de oficina para mi pequeña empresa en Office Max, y también tienen un programa de recompensas en el que todo lo que tengo que hacer es darles mi número de teléfono cada vez que hago una compra. Este programa de recompensas acumula recompensas en efectivo que puedo usar para compras futuras.

Además, existen aplicaciones como Drop, que permiten a la gente obtener descuentos de sus cinco principales minoristas. Usted puede elegir sus minoristas favoritos y luego acumular puntos de recompensa con cada compra que haga de estos cinco minoristas. (Incluso Lyft y Uber están entre los negocios que puedes elegir entre tus cinco favoritos.) Los puntos de recompensa que usted acumula pueden ser eventualmente canjeados por tarjetas de regalo de los principales minoristas, incluyendo Amazon, Starbucks, Groupon, etc. Una vez más, el registro es simple y gratuito. Estará registrando a los minoristas a los que ya les ha comprado, por lo que es una propuesta que no puede perderse.

3) **Cuentas de Ahorro, Cuentas Corrientes.** La mayoría de las personas tienen cuentas corrientes y algunas personas tienen cuentas de ahorros. Con todas sus cuentas bancarias, le sugiero que verifique cuáles son sus tasas de interés para esas cuentas y luego las compare con las tasas que podría recibir de otros bancos. Una vez más, tenemos que entender que muchas personas eligen sus bancos por razones de conveniencia. Por lo tanto, si las tasas de interés de los bancos competidores son sólo ligeramente más altas que las de su banco, es posible que estas tasas más altas no merezcan un cambio. Sin embargo, si son sustancialmente más altos, entonces usted podría considerar un cambio o ponerse en contacto con su banco actual y preguntarles si tienen otros programas que puedan estar disponibles para usted para aumentar las tasas que usted está recibiendo. Tenga en cuenta que las tasas de interés de las cuentas corrientes rara vez son altas y que probablemente no se va a enriquecer tratando de negociar las tasas o cambiando de banco. Sin embargo, "un centavo ahorrado es un centavo ganado" y usted puede decidir si un cambio o negociación vale la pena.

Las tarifas que pagará de su banco son igual de importantes a la hora de considerar sus gastos bancarios. Como todos sabemos, los bancos son conocidos por sus comisiones, que son una fuente importante de ingresos, e incluso algunos bancos han sido acusados de estafar a los clientes con sus comisiones. Al evaluar su banco, le sugiero encarecidamente que analice las comisiones que cobran. Cada banco debería poder proporcionarle una lista de comisiones. Estas comisiones pueden incluso ser publicadas en el sitio web del banco. ¿Tiene su cuenta corriente una cuota mensual de mantenimiento? ¿Existe un saldo mínimo antes de que se apliquen los cargos? ¿Alguna vez ha tenido sobregiros? Si es así, ¿cuáles son sus cargos? Muchos bancos tienen programas de protección contra sobregiros que pueden ofrecerle. Muchas personas dan por sentado estos cargos bancarios cuando les correspondería revisarlos al menos una vez al año para asegurarse de que sean competitivos con los cargos y comisiones de otros bancos.

Aunque revisar, comprar o negociar las comisiones bancarias puede no ser la forma más emocionante de ganar dinero y puede que no lo haga millonario, es algo fácil que puede hacer en muy poco tiempo para ganar o ahorrar dinero mensualmente.

4)   **Certificados de depósito.** Si tiene la suerte de tener suficiente dinero para mantener los certificados de depósito, le sugiero que "compre" las tasas de interés con los bancos antes de depositar los fondos o renovar los certificados. Como los certificados de depósito no requieren mucha atención, no es inusual que los titulares de certificados utilicen otros bancos además de sus bancos regulares. La conveniencia de los certificados de depósito no es un factor que lo sea para las cuentas corrientes, ya que básicamente usted deposita los fondos para sus certificados de depósito y luego el dinero simplemente permanece en el banco durante el plazo del certificado. Por lo tanto, no dude en comprar tasas de interés con sus certificados de depósito.

5)   **Alquile sus activos.** La mayoría de nosotros tenemos al menos algunos activos rentables de los que podríamos obtener ingresos pasivos. ¿Tienes un coche? ¿Un barco? ¿Una casa de vacaciones? ¿Un vehículo recreativo? ¿Un cobertizo vacío o una caseta de garaje? ¿Una habitación libre en tu casa? Todos estos activos podrían proporcionar algunas fuentes de ingresos pasivos.

a)   **Tu casa o tu habitación de invitados.** Si usted está dispuesto a alquilar su casa o incluso una habitación libre en su casa, usted puede hacer algo de dinero en efectivo. Airbnb y otros sitios similares proporcionan vías confiables para que usted alquile su casa.

Tengo amigos en Minneapolis que alquilaron su casa para la semana del Super Bowl y, al hacerlo, ganaron suficiente dinero para pagar su hipoteca por un año entero. Ganaban cinco cifras por noche. Sí, tienen una casa bonita, pero esto le da una idea de cuánto dinero se puede recaudar en el alquiler de una casa o incluso una habitación extra.

Ahora, es importante recordar que el Super Bowl atrae a más de 100.000 visitantes a la ciudad y no hay suficientes habitaciones de hotel para acomodar a todos los visitantes. Por lo tanto, el mercado está maduro para la cosecha durante ese tiempo. Compañías como Airbnb comprobarán los antecedentes de sus huéspedes y también cobrarán la tarifa de alquiler que usted ha solicitado. Por lo tanto, hay muy poco trabajo de su parte, excepto preparar la casa para los visitantes. Mis amigos que alquilaron su casa para el Super Bowl hicieron arreglos para quedarse con sus parientes durante la semana que alquilaron su casa.

Tengo otro grupo de amigos que también alquilaron su casa en un suburbio de Minneapolis para el evento de golf de la Ryder Cup, que es un evento de golf internacional que es extremadamente popular, casi tan popular como el Super Bowl. Asimismo, pudieron pagar un año entero de hipoteca alquilando su casa a la familia de uno de los golfistas profesionales que participaron en el evento. Una vez más, por lo que usted puede alquilar su casa dependerá de la calidad de su casa y la popularidad del evento en su área, pero hay dinero sustancial que se puede hacer en el alquiler de su casa a los visitantes, si están en su ciudad para un gran evento deportivo, un gran evento de conciertos, una gran convención política, etc. Otro amigo mío de Minnesota alquiló su apartamento a un miembro de los medios de comunicación que estaba asistiendo a la Convención Republicana en el cercano St. Paul. Una vez más, no había habitaciones de hotel disponibles y el apartamento de mi amigo estaba en una ruta de tren cercano con fácil acceso al centro de convenciones en St. Paul.

¿Tiene una casa de vacaciones que esté vacía la mayor parte del año? Tengo una casa en un lago aislado en el norte de Minnesota. Uso esa casa en el lago sólo unas cinco semanas al año. Con esto en mente, he comenzado a alquilar esta casa en el lago a las personas interesadas. Yo, por supuesto, reservo los períodos en los que voy a usar la casa del lago, pero la casa está abierta para alquilar en cualquier otro momento. Utilicé un servicio de terceros para gestionar mis reservas, mantener contacto con los huéspedes y hacer la limpieza antes de que lleguen y después de que se vayan. Mi participación en toda la actividad se centra en recibir el dinero que la empresa gestora recauda. (¡Sí, es un trabajo duro, pero alguien tiene que hacerlo!) He descubierto que es una empresa extremadamente rentable y he notado que tengo una sonrisa en la cara cada vez que deposito uno de los cheques de esta actividad.

En un nivel mucho más básico: Si tiene una o varias habitaciones libres en su casa que se utilizan principalmente como almacén, podría considerar alquilar esta habitación de forma temporal o continua. Si usted hace esto, obviamente debe asegurarse de hacer una verificación de antecedentes de su posible inquilino. No querrás dar acceso a su casa a un completo desconocido. Pero si usted puede encontrar una persona de confianza para alquilar su habitación extra, puede valer la pena el ingreso adicional que obtendrá de esta actividad de ingresos pasivos. Por ejemplo, tengo un miembro de mi familia que tiene una pequeña habitación extra en la casa de su familia. Limpiaron toda la basura de su habitación y se la alquilaron a un universitario que tenía una pasantía de verano en su ciudad. Como era un dormitorio pequeño y como su inquilino era un universitario con pocos recursos, los inquilinos no se enriquecieron con el alquiler del dormitorio extra. Sin embargo, ganaron algún ingreso extra que apreciaron y convencieron al universitario de que cortara el césped en los meses que estaba alquilando.

b)   **Su barco o su vehículo recreativo.** En la misma línea, si usted es dueño de un bote o de un vehículo recreativo (RV), es probable que no esté usando el bote o RV en forma continua. De hecho, la mayoría de los propietarios de embarcaciones y vehículos recreativos utilizan esos artículos sólo un par de veces al año. Estos son activos caros que pueden convertirse en flujos de ingresos pasivos. Empresas como Boatsetter y GetMyBoat son páginas web en las que puede alquilar su barco. Compañías como RVShare y Outdoorsy están disponibles para el alquiler de vehículos recreativos de persona a persona. Si navega por esos sitios, tendrá una buena idea de cuánto puede alquilar su barco o vehículo recreativo. La tarifa de alquiler de su barco dependerá de una serie de factores, incluyendo el tamaño y la ubicación de este. La tarifa de alquiler de su vehículo recreativo dependerá de factores similares. No es inusual que el alquiler de un vehículo recreativo traiga un alquiler de $150 a $300 por día. Una vez más, las compañías que están en este negocio de alquiler de barcos o de vehículos recreativos a menudo proporcionan el seguro del barco o del vehículo. Al mismo tiempo, se hará una verificación de antecedentes de los posibles inquilinos y se cobrará la cuota de alquiler. Entonces ellos tomarán su parte de la acción y le pagarán la cantidad restante.

c)   **Tu auto.** Un auto en promedio permanece inactivo durante 22 horas al día. Muchas familias tienen más de un auto. Los coches son otro activo que puede utilizar para obtener ingresos pasivos. Compañías como Turo y Getaround ofrecen plataformas de alquiler de coches persona a persona. Estas compañías le permiten establecer el precio de alquiler de su vehículo y, lo que es más importante, se encargan de la investigación para las personas que quieren alquilar su coche y también se encargan del seguro para estos alquileres.

Otra manera de utilizar su coche como fuente de ingresos es convertirse en un conductor en su tiempo libre. La mayoría de ustedes están familiarizados con empresas tan conocidas como Uber o Lyft. Con estas compañías, es un proceso relativamente simple para ser aceptado como uno de sus conductores y le ofrecen la flexibilidad de conducir sólo cuando usted tiene el tiempo libre para conducir. Es una buena manera de ganar dinero extra. Tengo amigos que son conductores de Uber o Lyft en su tiempo libre y luego usan el dinero que ganan para hacer los pagos mensuales de su auto o los pagos de su seguro de auto.

Por último, si no eres quisquilloso con el aspecto de tu coche, puedes optar por convertirlo en una valla publicitaria móvil. Compañías como Wrapify le pagarán por usar su auto como una valla publicitaria móvil y por anunciar varios productos o servicios. El dinero que gane al hacer esto dependerá del lugar donde viva (se prefieren las áreas muy pobladas) y de cuántas millas maneje. Wrapify y otras compañías como ésta rastrearán su millaje y luego le pagarán por la distancia recorrida. No es raro que la gente gane $100 a la semana por sus carteles móviles.

Cinco herramientas ingeniosas de micro inversión

Admito que hasta hace un par de años, ni siquiera sabía lo que era la micro inversión. Para aquellos que no están familiarizados con el concepto, les daré una lección rápida sobre lo que es y cómo funciona. La micro inversión es una actividad en la que las personas pueden invertir pequeñas cantidades en acciones. La micro inversión casi siempre ocurre a través de plataformas o aplicaciones móviles. A diferencia de los modos tradicionales de inversión en acciones, la micro inversión no se limita a las personas que tienen mucho dinero. Las inversiones son a menudo muy mínimas, como el nombre micro indica, y los inversionistas pueden invertir con tan poco como $1 a $5 a la vez. La micro inversión está diseñada para eliminar los obstáculos tradicionales a la inversión por parte de los inversores principiantes, incluyendo los mínimos de corretaje.

Con la micro inversión, usted no tendrá que convertirse en un nerd de la bolsa de valores. De hecho, no necesitará saber nada sobre el mercado de valores. La mayoría de las aplicaciones de micro inversión seleccionarán carteras para usted, basándose en sus preferencias, y luego colocarán las pequeñas cantidades que está invirtiendo en esos fondos. Cuando usted empiece a utilizar una aplicación de micro inversión, le pedirán que rellene un cuestionario para que puedan determinar sus preferencias y, a continuación, orientar sus inversiones hacia sus preferencias.

Una cosa que realmente me gusta de muchas de las aplicaciones de micro inversión es que tienen medios automáticos para que usted pueda hacer sus pequeñas inversiones. Algunos de estos medios se describen a continuación en las descripciones de las aplicaciones individuales.

Aunque nadie diría que se convertirá en multimillonario con la micro inversión y nadie diría que se convertirá en el próximo Warren Buffett, la micro inversión es una buena manera de sumergirse en el mercado de valores sin tener que gastar o arriesgar mucho dinero. Usted podrá ganar o ahorrar pequeñas cantidades de dinero sin grandes desembolsos en efectivo y sin los mínimos y honorarios del corredor.

Como se puede imaginar, hay bastantes aplicaciones de micro inversión para elegir. Esbozaré algunas de estas aplicaciones a continuación, pero debes tener en cuenta que siempre hay nuevas aplicaciones que puede querer investigar si está interesado en micro invertir.

1) **Acorns.** Esta es una de las aplicaciones más populares, ya que le permite invertir cantidades muy pequeñas redondeando automáticamente los cargos de su tarjeta de débito y crédito a la cantidad más alta en dólares más cercana y luego invierte esta pequeña cantidad extra (siempre menos de $1) para usted. Por

ejemplo, si compro un cartucho de tóner para mi impresora y el costo de ese cartucho es de $24.39, Acorns redondeará el cargo a $25 y agregará el cambio de 61 centavos a mi cuenta de inversión. Si por cualquier razón, no desea que estas cantidades se inviertan automáticamente, puede seleccionar manualmente para qué cargos se pueden invertir estas pequeñas cantidades adicionales. Lo que me gusta que este sitio redondee automáticamente mis cargos a la siguiente cantidad más alta de dólares es que considero que estas pequeñas cantidades son cambio de bolsillo que tendrá muy poco impacto en mi cuenta bancaria y que nunca voy a perder. Pero con todos los cargos de débito y crédito que hago, esas pequeñas cantidades se suman y logran una cuenta de inversión decente durante un período de tiempo.

Para darle una idea de la cantidad de dinero que puedo ahorrar e invertir con la aplicación Acorns, he estado ahorrando e invirtiendo un promedio de más de $40 al mes. Es cierto que utilizo mis tarjetas de débito y crédito con bastante frecuencia, porque las utilizo para compras personales y para mis compras en pequeñas empresas (y rara vez pago en efectivo por los artículos que compro), pero esto te dará una idea de lo que puedes esperar ganar con la aplicación Acorns. Proyecto que mis ahorros/inversiones anuales ascenderán a un total de entre $450 y $500 anuales. No, eso no me pondrá en la misma categoría de impuestos que el fundador de Amazon, Jeff Bezos, pero $500 tampoco es un cambio insignificante, al menos para mí.

Acorns cobra $1 al mes por sus servicios, dinero que fácilmente recupero de mis inversiones. Como se mencionó anteriormente, le harán algunas preguntas cuando se registre con ellos y usarán la información que usted les proporcione para crear un perfil financiero para usted. A continuación, crearán su cartera de inversiones, que puede variar de conservadora a agresiva, dependiendo de la información que usted les proporcione en su cuestionario.

2) **Stash.** Stash es un poco diferente a Acorns, ya que es un poco más práctico para los inversores. Con esta aplicación, en lugar de añadir cargos a su tarjeta de débito y crédito, Stash está configurado para que pueda retirar una cantidad específica de tu cuenta bancaria cada semana o cada mes. Al igual que Acorns, Stash le hará una serie de preguntas en un esfuerzo por determinar si deben dirigirlo hacia inversiones conservadoras, moderadas o agresivas. Una vez que lo hayan determinado, le proporcionarán un conjunto de carteras sencillas en las que podrá elegir invertir. Una vez más, no tendrá que ser un experto en acciones para determinar en qué acciones va a invertir, pero al menos tendrá que elegir una preferencia, algo que no tendrá que hacer con Acorns. Stash tiene un cargo mensual de $1 y requieren que usted haya acumulado un mínimo de $5 antes de que pueda comenzar a invertir.

3) **Rize.** Rize es una aplicación de ahorro e inversión orientada a objetivos. El componente de ahorro de esta aplicación está diseñado para ayudarle a ahorrar las cantidades de dinero que desea para pagar por las cosas que desea. Por ejemplo, si desea obtener una tabla de surf nueva a un costo aproximado de $400, Rize le establecerá un programa de ahorros en el cual le asignará una cantidad específica de cada uno de sus pagos para esta compra. (Usted será quien especifique la cantidad que se deducirá de cada cheque de pago). Al mismo tiempo, les dice cuánto dinero necesitará para comprar una tabla de surf nueva, y también le dice cuándo le gustaría tener esta tabla de surf. Con esta aplicación, puede ajustar fácilmente su configuración en cualquier momento. Puede acelerar o desacelerar sus pagos, si es necesario. Rize cobra una comisión anual de gestión del 0,25% sobre sus inversiones. Algunos de estos cargos son compensados por el 1.6% de interés que pagan sobre su saldo.

4) **Robinhood.** La aplicación Robinhood es una aplicación para comprar y vender acciones en bolsas estadounidenses. La aplicación también se puede utilizar para comprar y vender ETFs (fondos cotizados en bolsa) y criptocurrency o criptomonedas. Este programa

es bien conocido porque es gratuito y no cobra ninguna de las comisiones que normalmente se asocian con las transacciones de acciones. Sin comisiones, sin cargos por mantenimiento de cuenta, sin cargos por operaciones. Por otro lado, la aplicación Robinhood es una aplicación básica que no ofrece asesoramiento ni investigación sobre inversiones. Si estás interesado en comprar o vender acciones en esta aplicación, tendrás que pedir consejo en otro sitio.

5) **Betterment.** A diferencia de Robinhood, Betterment le permite no tener que preocuparse por sus inversiones. También le da acceso a asesores financieros que pueden ofrecerle asesoramiento sobre inversiones a través del sistema de mensajería de la aplicación. Betterment tiene dos niveles: El nivel Betterment Digital está disponible sin un mínimo de cuenta requerido. Betterment cobra el 0,25% de los activos de su Nivel Digital. La compañía también ofrece una versión premium al 0.40% de los activos con una inversión mínima de $100,000. Con Betterment Premium, la compañía ofrece acceso telefónico ilimitado a los miembros. Sé que Betterment Premium no será viable para la mayoría de nosotros aquí, pero el nivel de Betterment Digital es un buen negocio si usted está interesado en comprar y vender acciones y poder solicitar el asesoramiento de sus asesores financieros a lo largo del proceso.

Capítulo 2--Descubra el éxito de la autoedición

La autoedición es una de las formas más populares de obtener ingresos pasivos. Antes de decirte cómo descubrir el éxito de la autoedición, quiero asegurarme de que entiendes lo que es la autoedición. En la época antes del Internet, si querías escribir un libro y publicarlo, estabas totalmente a discreción de los editores tradicionales o tenías que pagar para que se imprimieran grandes cantidades de tu propio libro. Los autores que querían tener sus propios libros impresos, probablemente porque no podían venderlos a los editores, a menudo tenían que comprar hasta 5000 libros para conseguir un precio razonable.

En esos días, un amigo mío que eventualmente se convirtió en un autor de best-sellers del New York Times siempre había tenido el sueño de ser un autor. Después de terminar de escribir su primer libro, lo envió a 27 editoriales diferentes. Recibió 27 cartas de rechazo. Creía tan sinceramente en su libro y en su capacidad de escritura que decidió seguir el camino de la "prensa vanidosa" y hacer que su libro se imprimiera sin un editor. Tuvo que imprimir 5.000 libros en ese momento y, como estudiante recién egresado de la universidad y una persona que tenía un trabajo de camarero para pagar las cuentas, no tenía nada parecido al dinero que necesitaba para imprimir el mínimo de 5.000 libros. Era un gran vendedor y eventualmente consiguió los fondos necesarios a través de préstamos de algunos de sus clientes del bar.

Hizo imprimir los 5000 libros y luego cargó el maletero de su coche con cajas de sus libros y condujo de librería en librería en un esfuerzo por vender sus libros. Como mencioné antes, fue un gran vendedor y finalmente pudo vender todos sus 5000 libros de suspenso político a librerías e individuos. Poco después de reordenar su segundo lote de libros, recibió una llamada de un editor que había estado rastreando sus compras de libros de la "prensa de vanidad". Ese editor le pidió que enviara un manuscrito y poco después, le ofrecieron a mi amigo su primer contrato de un editor. Siguió con su carrera y escribió seis best-sellers del New York Times antes de que, desafortunadamente, muriera de cáncer a una edad temprana.

Le cuento esta historia de cómo eran las cosas antes para poder ilustrar cómo han cambiado las cosas desde el advenimiento de Internet y las impresoras digitales. Ahora puede escribir un libro, cargarlo en un sitio de autoedición en línea y vender libros digitales, libros impresos o audiolibros. Lo más impresionante es que puede comprar libros impresos en cantidades mínimas de uno. Sí, lo ha leído bien. Puede imprimir un libro a la vez. De hecho, con las impresoras digitales, su libro impreso no se imprimirá hasta que alguien lo solicite en línea. Entonces el impresor enviará el libro en cuestión de días, en lugar de las semanas o meses que se requieren para imprimir en los días anteriores a Internet.

Aunque hay bastantes pasos para escribir y autopublicar un libro, ahora el proceso es mucho más fácil que antes y se puede hacer de manera muy económica. En este capítulo del libro, le voy a decir cómo escribir y publicar sus propios libros. Publicar sus propios libros es una de las formas más populares de obtener ingresos pasivos.

Hay un montón de historias de éxito sobre personas que han hecho una fortuna a través de la auto publicación de sus propios libros.

Las estadísticas exactas sobre la industria del libro no siempre son fáciles de encontrar, pero tengo algunas estadísticas que le mostrarán el enorme mercado que es el mercado del libro. Según el NPD Group (National Purchase Diary), una conocida empresa estadounidense de estudios de mercado, en 2018 se vendieron más de 696 millones de libros impresos. Según Data Guy, una renombrada empresa analista de la industria del libro, se vendieron más de 781 millones de libros electrónicos desde abril de 2017 hasta septiembre de 2018, con un total de ventas de 4.020 millones de dólares. Esto debería darle una buena idea de en lo que se va a meter cuando decida autopublicar libros.

Antes de seguir adelante, probablemente debería definir libros electrónicos para aquellos de ustedes que no estén seguros de lo que abarca el término. El término eBook o audiolibros es la abreviatura de libro electrónico e incluye todos los libros que se pueden leer en dispositivos móviles como teléfonos celulares y tabletas, computadoras y dispositivos de libros electrónicos como Kindle y Nook.

Cuando publiques tus libros, vas a tener que decidir si quieres libros impresos, ebooks, audiolibros o todo lo anterior. Hoy es muy común que la gente publique versiones impresas y libros electrónicos del mismo libro. Los audiolibros no son tan populares, pero están aumentando rápidamente en popularidad y ofrecen otra forma para que usted pueda sacar su libro a la venta para las personas que prefieren escuchar los libros en lugar de leerlos.

Probablemente la historia de mayor éxito en la publicación electrónica es la historia del autor E.L. James y su serie de *50 sombras de rey*. Publicó su primer libro de esa serie en 2011 como eBook y como libro de bolsillo impreso bajo demanda. Sus libros han vendido más de un millón de copias, incluyendo libros que ahora se han convertido en películas.

Las historias de éxito de auto publicación son abundantes en Internet. Me tomaré el tiempo para contarle la historia de una mujer porque es una gran historia de éxito y le dará una idea de las posibilidades que la autoedición puede ofrecer. Hay que reconocer que muy pocas personas alcanzarán estos elevados niveles, pero es bueno soñar, ¿no es así? Amanda Hocking era una autora desconocida de Minnesota que no podía lograr ser publicada por una editorial tradicional. Ella trabajaba como cuidadora de un hogar de grupo para pagar las cuentas y luego escribía novelas paranormales en su tiempo libre. Eventualmente, había escrito 17 libros y tenía un montón de cartas de rechazo de editoriales y agentes, que o no creían en su talento o no creían que habría mucho interés en el género. Finalmente, en 2010, frustrada por los editores y agentes que la seguían rechazando, Amanda decidió ver si podía vender sus libros en Kindle de Amazon. Ella misma publicó su novela de vampiros, *Mi Sangre Aprueba,* en el sitio de Amazon. Pronto empezó a vender nueve libros a la semana en el sitio. No hubo grandes sacudidas, por supuesto, pero al menos hubo algo de interés, suficiente interés para que se autopublicará tres libros adicionales en la serie en el sitio. No pasó mucho tiempo desde la publicación de esos tres libros adicionales hasta que la serie despegó. Obviamente, se corrió la voz y desde abril de 2010 hasta marzo de 2011, vendió más de un millón de copias de nueve libros diferentes y ganó 2 millones de dólares en ventas por esos libros. En un momento dado, ella vendía un promedio de 9000 libros al día. Su estrategia de ventas fue brillante. Vendió los primeros libros de su serie a sólo 99 centavos en un intento de enganchar a sus lectores con la serie. Los libros subsiguientes de la serie se vendieron por $2.99. Algunas de las editoriales convencionales se burlaron de la idea de vender un libro por sólo 99 centavos, pero Amanda Hocking vendió un volumen tan enorme de libros que sus ventas pronto dejaron de lado esas críticas. Amanda Hocking es un ejemplo del potencial de la autoedición.

Ahora que ya tenemos algo de información general y algunas historias de éxito fuera del camino, vamos a entrar en lo esencial de cómo escribir y publicar un libro.

Cómo escribir un libro. Su camino hacia la obtención de grandes beneficios en la autoedición

Encuentra un tema. Antes de que puedas escribir un libro, va a tener que seleccionar un subtema o un tema. Le sugiero que empieces con un proyecto que le interese. Si puede encontrar un tema en el que esté interesado o apasionado, encontrará que disfrutará mucho más escribiendo el libro. También se dará cuenta que escribir un libro sobre algo que conoce o en lo que está interesado requerirá mucha menos investigación.

Si usted no tiene un tema o subtema en particular en mente y sólo quiere escribir un libro para obtener ingresos adicionales, le sugiero que primero examine sus áreas personales de experiencia o interés. Por ejemplo, tengo un amigo que es un ávido ciclista. Hace unos años, me estaba contando cómo había andado en todos los senderos para bicicletas en el estado de Minnesota. Me estaba diciendo qué senderos le gustaban realmente, y qué senderos le gustaban menos. Incluso me contó todo sobre las heladerías o los cafés en los que se detendría mientras recorría estos senderos. Muchos de los senderos pasaban por pequeños pueblos que tenían cosas interesantes que ver o lugares preciosos escondidos, como tiendas de antigüedades, restaurantes, panaderías o tiendas de dulces.

Mientras me transmitía toda esta información, finalmente le dije: "Sabes, deberías escribir un libro sobre eso. Eres una fuente de información sobre las ciclovías en Minnesota y creo que la gente estaría dispuesta a pagar por esa información". Le sorprendió mi idea y la ignoró diciendo: "Yo nunca podría hacer eso". No soy un autor."

No dejé morir el tema y le ofrecí ayudarlo a autopublicar su libro si estaba dispuesto a reunir toda la información. Y me alegra decir que publicó un libro sobre senderos para bicicletas en Minnesota. Aunque este libro no lo ha hecho millonario, disfrutó haciéndolo, está orgulloso de haberlo hecho y ahora recibe cheques mensuales de regalías por las ventas de su libro. De hecho, ahora utiliza sus ventas de libros para costear sus viajes en bicicleta de fin de semana.

Así que la moraleja de la historia para aquellos que quieren escribir libros para ganar algún ingreso extra: Le sugiero que empiece con un área en la que esté bien informado o sea apasionado y luego determine cómo transmitir esa información en un libro. Tengo un amigo que ha entrenado deportes juveniles durante gran parte de su vida adulta. También es padre de dos niños que aman los deportes. Ha escrito un libro para adultos sobre cómo entrenar a sus hijos. Otro amigo mío ha sido partera durante más de 20 años. Escribió un libro dirigido a mujeres embarazadas. Habló de los beneficios de usar una partera y de si los padres que esperan un hijo deben usar una partera o un médico. Tanto el padre-entrenador como la partera transmiten información valiosa en sus libros y han obtenido ingresos mensuales suplementarios de las ventas de esos libros.

Al determinar un tema para su libro o libros, no se desanime si ya hay varios libros disponibles sobre el tema que está considerando. Esto podría ser algo positivo en lugar de ser algo negativo. Por ejemplo, si quiere escribir un libro sobre nutrición, notará rápidamente que no será la primera persona en hacerlo. Hay miles de libros sobre nutrición. Esto no debe desanimarlo, ya que demuestra que definitivamente hay un interés en el tema. Si puede aportar una perspectiva única a cualquier tema, tendrá la oportunidad de tener éxito en la venta de su libro.

Desarrollar un título de trabajo. Anote las ideas para el título de su libro a medida que se le ocurran. Este llamado título será simplemente un título de trabajo, y usted podrá cambiarlo en cualquier momento antes de que el libro sea publicado. Pero su título de trabajo servirá como un recordatorio constante del tema de su libro. Si usted está escribiendo un libro de autoayuda, seguramente querrá encontrar un título que atraiga al lector a comprar y leer el libro. Títulos como "Cómo perder 10 libras en 10 días" y "Cómo entrenar a su nuevo cachorro" permitirán a los posibles compradores y lectores determinar inmediatamente si tienen más interés en su libro.

Desarrolle un Esquema. Al escribir un libro, va a ser importante para usted establecer algún tipo de organización con el contenido de ese libro. Con esto en mente, necesitarás desarrollar un bosquejo del contenido de ese libro, posiblemente incluso un bosquejo de capítulo por capítulo al que pueda adherirse al escribir el libro.

Seleccione una plantilla para su libro. A muchos autores de novelas les resulta más fácil utilizar una plantilla para escribir sus libros. Hay varios sitios en Internet que ofrecen plantillas de libros gratis, incluyendo hubspot.com. En algunos casos, dispondrá de varias plantillas diferentes entre las que podrá elegir. Estas plantillas le ayudarán a mantenerse organizado durante todo el proceso de escribir su libro. A medida que se vaya haciendo más hábil o experimentado en la escritura de libros, probablemente no necesitará una plantilla. Sin embargo, es una herramienta valiosa para los principiantes.

Escribe el libro. Después de haber hecho todo lo anterior, es hora de entrar en la esencia de escribir el libro en sí. Esto, junto con cualquier investigación que pueda ser necesaria, será probablemente el elemento que más tiempo consuma en la elaboración de un libro. Los autores más experimentados fijarán una hora designada para escribir sus libros, por ejemplo, 2 horas al día, 15 horas a la semana, etc. También determinarán a qué hora del día es mejor que escriban, por ejemplo, temprano en la mañana, tarde en la noche después de que los niños se hayan acostado, etc.

¿Qué pasa si no eres un buen escritor o si tienes información valiosa o una gran historia que impartir a otros, pero no sabes cómo ponerla en papel? Si este es el caso, probablemente tendrás que contratar a alguien para que escriba tu libro por ti. Los escritores fantasmas están disponibles en muchos sitios, incluyendo Upwork.com. Si vas a contratar a un profesional independiente para que escriba tu libro o tu historia, te animo a que recuerdes que sólo podrán ser tan buenos como la información que les proporciones. He escrito muchos libros y he recopilado la información de varias maneras, incluyendo un bosquejo escrito de la persona que quiere que el libro sea escrito, una colección de blogs de la misma persona, una entrevista telefónica semanal grabada en cinta de una o dos horas o una entrevista por Skype, etc. De cualquier manera, usted tendrá que averiguar cómo hacer llegar la información necesaria al trabajador independiente. Si está contratando a un trabajador independiente con el que no ha trabajado antes, le animo a que solicite muestras de sus escritos para que pueda revisar la calidad y el estilo de estos y asegurarse de que cumplen con sus expectativas. En la misma línea, al trabajar con un trabajador independiente, le sugiero que les pida que escriban el primer capítulo de su libro por un precio simbólico y que luego procedan con el resto del libro después de haberse asegurado de que está en el camino correcto. Este ejemplo de capítulo le beneficiará tanto a usted como al trabajador independiente, ya que querrá asegurarse de que están "en la misma página" antes de llegar demasiado lejos en el proyecto.

Agregar ilustraciones, gráficos, fotos. Después de que haya escrito el libro, debe determinar si la adición de ilustraciones, gráficos o fotos añadirá valor al libro. Como ejemplo, acabo de terminar de escribir un libro que cuenta la verdadera historia de un ex oficial de la marina estadounidense que fue prisionero de guerra japonés en las Filipinas en la Segunda Guerra Mundial. Aunque la historia en sí era increíble, sabía que añadir fotos al libro añadiría valor al libro, ya que sabía que los lectores querrían ver al hombre cuya historia contábamos. Y aunque estas fotos eran viejas en blanco y negro y no estaban en perfecto estado, añadieron valor al libro y optamos por incluirlas. Un amigo mío completó recientemente un libro de recetas de pasteles. Obviamente, las fotos de los pasteles añaden mucho al valor del libro, ya que la gente que compra libros de recetas está acostumbrada a las fotos de los artículos de las recetas. Esta amiga tenía un presupuesto limitado para producir este libro de recetas, así que optó por tomar fotos de los diferentes pasteles con su teléfono celular en lugar de pagar a un fotógrafo profesional para que lo hiciera.

Diseño de portada. Ya sea que esté produciendo un libro impreso o un libro electrónico, debe saber que la portada probablemente será un factor extremadamente importante en las ventas del libro. Si alguna vez ha hojeado libros en una librería o en la biblioteca, sabrá que la portada o la cubierta de un libro puede influir sin duda alguna en el hecho de que compre ese libro o seleccione ese libro para leer. La portada es muy importante. Con esto en mente, usted querrá crear una portada atractiva para su libro. A menos que seas diseñador (la mayoría de nosotros no lo somos), va a tener que contratar a un freelance para que diseñe su portada. Tenga en cuenta que hay muchos artistas gráficos que se especializan en el diseño de portadas de libros. Anteriormente he utilizado el sitio fiverr.com para contratar a freelancers para mis diseños de portada. Siempre he podido contratar a alguien por menos de $100 para hacer eso y he podido conseguir algunos diseños geniales. Una vez más, con estos trabajadores independientes, su éxito puede depender de las instrucciones que usted les dé. En el sitio de Fiverr, tendrá muchos trabajadores independientes entre los que elegir. Al trabajar con ellos, tienes que decirles el tamaño del libro que quieres producir, si quieres una portada diseñada para un libro impreso, un eBook o ambos, y también tendrás que proporcionar la copia que quieras en la portada del libro, incluyendo el título y una breve descripción del libro.

Al trabajar con trabajadores independientes para diseñar portadas, casi siempre he optado por darles una foto o ilustración que quiero que usen en la portada. Hay una serie de sitios de fotos de stock en Internet que ofrecen grandes selecciones y excelentes motores de búsqueda para que usted pueda encontrar fotos o ilustraciones que puede utilizar en las portadas de sus libros. Anteriormente he utilizado istockphoto.com para mis necesidades de fotografía e ilustración. En este sitio, generalmente he podido comprar una fotografía por menos de $35 para usarla en las portadas de mis libros. Estas son fotografías sin licencia en las que los fotógrafos o ilustradores publican fotos o ilustraciones en el sitio que están disponibles para su compra de forma continua. Los fotógrafos o ilustradores obtienen un parte del dinero cada vez que un cliente compra su foto o ilustración.

Formato. Ya sea que desee un libro impreso, un eBook, o ambos, su libro va a tener que ser formateado para que pueda ser cargado correctamente en los sitios que imprimirán o venderán su libro. Si tiene tiempo, puede aprender a formatear usted mismo a través de tutoriales en Internet. Si no tiene tiempo (la mayoría de la gente no lo tiene), siempre puede contratar a un trabajador independiente para que lo haga por ti. Una vez más, fiverr.com ofrece una amplia selección de freelancers que le darán formato a su libro a precios anunciados de $15 a $100. Al contratar a un trabajador independiente para dar formato a su libro, tendrá que darles de nuevo el tamaño del libro si va a tener un libro impreso. También tendrá que decirles a quién planea usar para imprimir o vender sus libros. Al trabajar con freelancers en algunos sitios como el sitio de Fiverr, por favor recuerde que estos freelancers son de alrededor del mundo y puede haber diferencias de tiempo o de idioma. Con muchos de estos trabajadores independientes, el inglés es un segundo idioma, pero la mayoría de ellos son bastante competentes en él. Y la mayoría de ellos han realizado numerosos proyectos de diseño de portadas o de formato, por lo que es probable que sepan exactamente lo que necesitará enviar a varias plataformas de autoedición.

ISBN. Si va a tener un libro impreso, necesitará un ISBN. ISBN se refiere a International Standard Book Number (Número Estándar Internacional de Libros) y es un número de 13 dígitos utilizado por editoriales, librerías y bibliotecas para identificar libros. Los números ISBN no son necesarios para los libros electrónicos. Comprar un ISBN es un proceso simple y hay varios vendedores de ISBN en Internet. Usé isbnservices.com y pagué $18.99 por mi ISBN más reciente. Ese ISBN incluye un código de barras que puede ser usado para ser escaneado por librerías y bibliotecas.

Determinación del precio de venta. Como autor autopublicado, usted puede fijar su propio precio de venta. (Si estuvieras usando un editor tradicional, ellos dictarían a qué precio vendes.) Al determinar el precio de venta, siempre instruyo a los autores para que suban sus libros a plataformas de publicaciones como Amazon y averigüen en cuánto se venden los libros de su género. Una vez que haya determinado eso, debe conformarse con un precio de venta que se encuentre dentro de ese rango. Si usted está ofreciendo una versión impresa del libro, su precio de venta debe estar impreso en la contraportada de su libro dentro del área de ISBN y código de barras. Al determinar el precio de un libro impreso, recuerde que debe seleccionar el precio más alto posible al que vendería el libro y, a continuación, tenga en cuenta que podrá descontar ese libro si lo considera oportuno. Por ejemplo, escribí unas memorias de 250 páginas para las cuales decidí que el precio máximo de venta sería de $16. Fijé este precio no sólo porque era comparable a los precios de otras memorias, sino porque quería que mis lectores que pidieron una copia impresa a Amazon pudieran gastar $20 o menos, incluyendo el envío. Luego hice algunas apariciones personales en clubes de lectura, bibliotecas y librerías y, en el caso de los clubes de lectura y bibliotecas, pude rebajar el precio del libro a 12 o 14 dólares si lo compraban en el acto. Esto fue atractivo para los futuros lectores, ya que a todos les gusta un descuento y no tendrían que pagar por el envío como lo harían si hicieran su pedido en una fuente de Internet. En ese momento (hace unos años), estaba pagando entre 3 y 4 dólares por libro y comprando entre 25 y 50 libros a la vez para mis presentaciones, por lo que se puede ver que mi margen de beneficio seguía siendo muy bueno, incluso cuando rebaje el precio del libro el libro.

El precio de los libros electrónicos es ligeramente diferente y los precios suelen ser sustancialmente menores porque no hay impresión o materiales involucrados. La mayoría de los eBooks se venden entre $2.99 y $9.99. Si utiliza la plataforma Amazon Kindle Direct Publishing (KDP) para vender su libro, puede esperar regalías del 70% sobre cualquier libro que se venda dentro de ese rango de precios de entre 2,99 y 9,99 dólares. Cualquier libro que caiga fuera de ese rango de precio, más alto o bajo, sus regalías disminuirán al 35%. Como puede ver por esos números, Amazon realmente prefiere que usted venda sus eBooks en su plataforma por $2.99-$9.99. Y los eBooks son diferentes de los libros impresos en el sentido que no se pueden renegociar el precio cuando se considere oportuno. En su mayor parte, el precio de venta que usted establece es el precio al que usted venderá el libro. Dicho esto, debe tener en cuenta que KDP ofrece a los posibles lectores la oportunidad de probar un capítulo gratuito para ver si quieren comprar el libro. También ofrecen un programa de regalos en el cual usted puede ofrecer su libro gratis cuando el libro es puesto a la venta por primera vez, en un intento de crear interés por el libro. Muchos autores han utilizado esta oferta gratuita para promocionar con éxito su libro y crear ventas posteriores a partir del interés que crean.

En la determinación del precio de los libros electrónicos, el género del libro será muy importante en la determinación del precio. Por ejemplo, si se trata de un libro romántico para el que se espera un consumo masivo, entonces notará que la mayoría de estas novelas románticas se venden en el extremo inferior del espectro de precios. Por otro lado, si usted tiene un libro histórico como el que mencioné sobre el oficial de la marina estadounidense que fue prisionero de guerra japonés, probablemente pueda obtener más dinero por ese libro, ya que no es una ficción que está destinada al consumo masivo y que atraerá sobre todo a los veteranos de guerra y a los aficionados a la historia.

Sube tu libro. Ahora las cosas empiezan a ponerse emocionantes. Está listo para la emoción. Su libro está terminado y es hora de subirlo a la plataforma o plataformas en las que pretende venderlo. Hay muchas plataformas disponibles para que las use en la venta de su libro. Esbozaré algunos de ellos aquí para su conveniencia, pero por favor recuerde que hay opciones adicionales disponibles para usted.

1) **Amazon/Kindle.** Es la plataforma más conocida para la venta de libros autoeditados. Más de dos tercios de todas las compras de libros electrónicos se realizan a través de Kindle Direct Publishing (KDP) de Amazon, la plataforma que mencioné en la sección inmediatamente anterior a ésta. Si realmente quiere vender su libro como una fuente de ingresos pasiva, la plataforma Kindle de Amazon debería estar en la parte superior de su lista o cerca de ella. Una de las cosas que hacen que la plataforma KDP sea tan popular es que sus posibles lectores pueden obtener la aplicación Kindle para su computadora, tableta o teléfono. Esto significa que será fácil para ellos comprar y leer su libro. Amazon también tiene una asociación con Audible que le permitirá convertir fácilmente su libro a un formato de audio y vender libros adicionales. Voy a entrar en más detalles sobre los audiolibros en los párrafos que siguen. Por lo tanto, una de las grandes ventajas de usar la plataforma Amazon para vender su libro es que es la plataforma más popular para comprar y vender libros. Además, le ofrece la oportunidad de publicar versiones digitales, impresas y en audio de su libro en una sola plataforma.

2) **Nook.** Barnes & Noble es un gran minorista de libros y su dispositivo de lectura electrónica se llama Nook. The Nook es responsable de aproximadamente una cuarta parte de todas las lecturas electrónicas, por lo que esta es otra plataforma que deberías tener muy en cuenta para cualquier libro que quiera vender. Las regalías con la plataforma Nook son muy similares a los de Amazon/Kindle. Las regalías son el 65% del precio de lista para

cualquier libro vendido entre $2.99 y $9.99; 40% para libros vendidos fuera de ese rango.

3) **iBooks.** Publicar su libro en iBooks te permitirá venderlo en la Apple iBookstore. Esto significa que tu libro puede estar disponible para cualquiera que tenga un iPhone, un IPad, o un Mac, todos los dispositivos de Apple.

4) **Otros.** He descrito las tres plataformas principales arriba, pero debes saber que también hay otras plataformas disponibles para que las utilices en la venta de su libro. Aunque no voy a entrar en detalles con esas otras opciones aquí, me gustaría al menos mencionar algunas de ellas, para que pueda investigar usted mismo si tiene más interés. Las plataformas como Smashwords, Kobo y Scribd también son plataformas muy viables para vender libros. Puede que no ofrezcan los grandes números que ofrecen las "tres grandes" plataformas, pero aun así ofrecen la oportunidad de vender más libros y ganar más dinero.

Comercialización de su libro. Consejos para maximizar los beneficios de su libro

Comercialización de su libro. El hecho de que haya terminado de escribir su libro y lo haya puesto a la venta en varias plataformas no significa que haya terminado. La comercialización de su libro es uno de los factores más importantes para ganar dinero. Hace algunos años, un amigo mío organizó una fiesta de fin de año para sus amigos y compañeros de trabajo. Compró grandes cantidades de comida y bebidas para su fiesta, suponiendo que sería la fiesta del año. Cuando el reloj marcó la medianoche y llegó el año nuevo, me preguntó cuál era la razón por la que sólo había menos de una docena de personas en su fiesta. "No estoy seguro", respondí. "¿Le dijiste a la gente que ibas a hacer la fiesta?" Mi amigo respondió que había estado tan ocupado haciendo planes para la fiesta que no había tenido la oportunidad de contarle a mucha gente sobre la fiesta. Como él mismo dijo, "Pensé que la palabra se correría".

Bueno, lo mismo pasa con su libro. Ahora que has invertido tiempo y dinero para escribir su libro, es el momento de decirle a la gente que está disponible. No puede esperar que la gente compre su libro si ni siquiera saben que existe.

Con esto en mente, tengo algunos consejos para que comercialice su libro y lo venda. Si quiere maximizar el dinero extra que gana con su libro, tendrá que comercializarlo. Y si puede comercializarlo con éxito, es posible que pueda cosechar beneficios financieros de él durante bastante tiempo.

Aquí hay algunas formas sencillas y económicas de comercializar su libro:

1) **Medios de comunicación social.** La mayoría de nosotros ya tenemos presencia en los medios sociales. Los medios sociales le ofrecen una gran oportunidad para correr la voz sobre su nuevo libro. Los autores han utilizado plataformas de medios sociales como Facebook, Instagram, Twitter, Tumblr, Reddit y Pinterest para promocionar sus nuevos libros. En muchos casos, ofrecerían una muestra gratuita para los lectores en un esfuerzo por conseguir que se interesen en comprar el libro. Además, tenga en cuenta que no debe utilizar estas plataformas una sola vez para promocionar su libro. He usado esas plataformas varias veces, para anunciar que el libro está disponible, para publicar críticas positivas que recibo de él, para recordar a la gente que tu libro sería un gran regalo para las fiestas, etc.

2) **Blogs, sitios web.** ¿Tiene un blog o un sitio web que puede utilizar para dirigir a los visitantes a las plataformas donde pueden comprar su libro? Si es así, debe asegurarse de utilizar estas plataformas para promocionar su libro. Si no es así, es posible que

desee considerar la posibilidad de crear un blog para promocionar su nuevo libro y cualquier otro libro en el futuro.

3) **Emails, Mensajes.** También he utilizado correos electrónicos y mensajes masivos para anunciar la disponibilidad de mis libros. A lo largo de los años, he acumulado una importante libreta de direcciones. Todas estas personas son clientes potenciales. Así que, siempre que tengo un nuevo libro disponible, envió un correo electrónico masivo a mis contactos, incluyendo un folleto de ventas que muestra la portada del libro junto con una breve descripción del libro y dónde pueden comprarlo.

4) **Marcadores, postales.** Además, cada vez que tengo un libro nuevo, imprimo algunos marcadores y postales que puedo entregar a las personas que conozco en persona. En realidad, no envío muchas de las postales, pero me gusta repartirlas a las personas que conozco. Me gusta el tamaño de las postales porque pueden contener más información que los marcadores más pequeños. Los marcadores y las postales son formas baratas de promocionar su libro. Creo que pagué $25 más gastos de envío por 500 marcadores y $30 más gastos de envío por 500 postales de una fuente en línea. Utilizo estos artículos casi como tarjetas de presentación, repartiéndolas fácilmente a casi todas las personas que conozco.

Consejos para publicar libros de audio

El mercado de audiolibros es otra plataforma para que usted la utilice para mejorar sus ventas de libros publicados por usted mismo. Aunque el mercado de audiolibros no es tan grande como el mercado de libros impresos o libros electrónicos, es un mercado floreciente que merece su consideración. En una época en la que los podcasts y las aplicaciones de radio son populares, es importante tener en cuenta que algunas personas prefieren ver o escuchar las cosas en lugar de leerlas. Ya sea que estén conduciendo un automóvil, haciendo ejercicio en el gimnasio o tumbados en la playa, a algunas personas les gusta escuchar audiolibros. Y, por supuesto, hay otras personas a las que no les gusta leer y prefieren los métodos audiovisuales.

Soy de la creencia de que usted debe esperar a ver qué tan exitosos son sus libros impresos o eBooks antes de decidir publicarlos como audiolibros. La razón por la que digo esto es por el tiempo y el gasto extras que implica. Antes de invertir más tiempo o dinero en su libro, primero debe determinar si tiene éxito en formato impreso o eBook. Si es así, definitivamente debería publicar su libro en formato de audio. Si no lo hace, estarás dejando dinero en la mesa que podría estar ganando, usando un formato de audio.

Audiobook Creation Exchange (ACX) es la plataforma más popular para audiolibros. Si añade su audiolibro a ACX, estará disponible para su venta en Amazon, Audible y en la Apple Audio Store. Para aquellos que no están familiarizados con Audible, es un vendedor y productor de entretenimiento de audio hablado, información y programación educativa en Internet. Es uno de los mayores vendedores digitales de audiolibros.

Si publica su libro en ACX, ganará regalías del 20% al 40% de lo que sea su precio de venta.

Aquí encontrará información general rápida sobre la conversión de su libro de un formato impreso o digital a un formato de audio.

1) Prepare su libro para audio. Tendrá que editar sus libros impresos o digitales para que puedan ser utilizados como audiolibros. En otras palabras, elimine todo lo que no tenga sentido en un formato de audio, es decir, sin referencias a ilustraciones, fotos o gráficos; sin hipervínculos ni avisos de "haga clic aquí".

2) **Decida quién grabará su audio.** Si va a tener un audiolibro, va a tener que determinar quién grabará su libro ¿Querrá contratar a un narrador o querrá grabar el libro con su propia voz? Si usted tiene un libro educativo o memorias, es más probable que sea el narrador de su propio libro que de un libro de ficción en el que le sirvan mejor para usar a alguien con un conjunto de habilidades de actuación. En mi propia experiencia, siempre he contratado a un narrador, incluso para mis propias memorias. Lo he hecho por varias razones, pero sobre todo porque no tengo una gran voz de narrador. Mi garganta se seca muy rápidamente cuando hablo mucho, y estoy seguro de que me llevaría mucho tiempo narrar un libro lo que causaría que los oyentes se cansaran rápidamente de mi voz áspera. Además, tengo un entorno familiar relativamente ruidoso, incluyendo mucho ruido de la calle, y me temo que el ruido de fondo distraería demasiado al oyente. Había pensado anteriormente en alquilar un estudio de grabación para grabar mi libro, pero creo que el dinero que habría gastado en alquilar un estudio también se podría gastar en pagarle a un narrador.

3) **Contratación de un Narrador.** Contratar a un narrador puede no ser tan costoso como se podría pensar. Tengo un socio que contrata narradores con frecuencia y por lo general puede contratar a alguien por menos de $500. Me dice que hay dos sitios que recomendaría para contratar a un narrador independiente. Estos sitios son Upwork y Voices. ACX también tiene narradores que puedes contratar para su libro. Al contratar a cualquier narrador freelance, usted debe pedirles absolutamente que proporcionen muestras previas de su trabajo. Y, también puede pedirles que narren una pequeña porción de su libro antes de contratarlos oficialmente. De esta manera, usted puede asegurarse de que encajan bien en su proyecto antes de que se adentre demasiado en el libro.

4) Alquile un estudio de grabación; narrar su propio libro. Si desea narrar su propio libro, y si el entorno de su casa u oficina es demasiado ruidoso para hacerlo, es posible que tenga que alquilar un estudio de grabación para utilizarlo en la narración de su libro. Tengo un amigo que me dice que esto puede ser un proceso de 10 a 20 horas, dependiendo de la longitud de su libro, así que puede que tenga que reservar el estudio para varios días. Una vez más, tenga en cuenta que el uso de su voz durante un período de tiempo tan largo puede afectar la calidad de su voz, por lo que es posible que tenga que alquilar el estudio en bloques más pequeños de tres o cuatro horas a la vez.

Si quieres aprender más sobre cómo crear un audiolibro, te sugiero que visites selfpublishingschool.com, donde Chandler Bolt tiene un extenso artículo sobre exactamente cómo publicar un audiolibro.

Seis pasos hacia la obtención de ingresos adicionales mediante la publicación de cursos en línea

Sería negligente si no discutiera cómo la publicación de cursos en línea puede crear fuentes de ingresos adicionales para usted. El mercado de cursos y aprendizaje en línea es cada vez más grande. La firma de investigación Global Market Insights proyecta que los cursos de aprendizaje en línea podrían alcanzar los 240.000 millones de dólares en 2023. Es un número astronómico.

Con esto en mente, le animo a que considere desarrollar cursos en línea para crear fuentes de ingresos pasivos adicionales para usted. Aquí hay algunos consejos sencillos para empezar a desarrollar un curso o cursos en línea:

1) **Encuentra un tema.** ¿En qué es un experto? ¿Tiene usted información que es valiosa para otros al punto de que otros estarán dispuestos a pagar para aprender esa información? O, incluso si no es

un experto, ¿puede convertirse en un experto? Una de las principales historias de éxito de los cursos en línea es la de Purna Duggirala, un hombre de la India que se hace llamar Chandoo. Hace algunos años, Chandoo identificó la oportunidad de ganar dinero organizando cursos en línea. Se dio cuenta de que la gente no sabía cómo usar el programa de software de Excel, por lo que se le ocurrió una serie de cursos en los que enseñó a los suscriptores a ser excelentes o impresionantes en Excel. Hizo más de un millón de dólares en 2014 con ese concepto. Una vez más, todos sabemos que estas historias de éxito sólo muestran la gama alta que una persona puede ganar. Es poco probable que gane esa cantidad de dinero con sus cursos en línea. Pero de nuevo, no hay nada malo en soñar. Incluso si usted puede obtener un adicional de $500 a $1000 cada mes de su curso o cursos en línea, estoy seguro de que lo tomaría.

Al determinar un tema para sus cursos en línea, le sugiero que primero haga un inventario personal de sus propios conocimientos para ver si hay algo que pueda impartir a las personas que estarían dispuestas a pagar por su experiencia. ¿Es usted un experto en tecnología? ¿Puede enseñar a codificar o programar? ¿Habla varios idiomas? ¿Puede enseñar uno de esos idiomas a personas que planean visitar un país extranjero? Un amigo mío es originario de Filipinas. Además de hablar ahora un inglés impecable, habla con fluidez el visayano y el tagalo, dos idiomas que hablan muchos filipinos. Así que, con la capacidad de hablar estos idiomas, creó una serie de minicursos en línea en los que enseña a personas de habla inglesa que se están preparando para visitar las Filipinas cómo hablar esos idiomas nativos. Ella ha tenido mucho éxito en conseguir que la gente se suscriba a sus cursos y ha obtenido un buen ingreso suplementario de esos cursos.

Si no tiene ninguna área en la que se consideres un experto, siempre puede convertirse en un experto simplemente recogiendo la información que te apasiona e insertándola en un curso que esté disponible en línea para otros. Leí una historia sobre un hombre que no sabía nada de codificación, pero cuando terminó de leer varios libros sobre el tema, tomando algunos cursos en línea y tutoriales, sabía más que casi todas las personas que estaban interesadas en el mismo tema. Así que, aunque no había empezado como experto, se convirtió en un experto con información valiosa por la que la gente estaba dispuesta a pagar.

2) **Cree un esquema del curso.** Si va a crear un curso en línea, seguramente necesitará un esquema para ese curso. No sólo utilizará ese esquema para transmitir información a los suscriptores, sino que también lo utilizará para vender el curso a posibles suscriptores, que seguramente querrán saber lo que implica el curso antes de que se inscriban en él. Al configurar su curso, tenga en cuenta que la mayoría de los cursos en línea están limitados a un máximo de 20 minutos por sesión. Después de eso, los suscriptores comienzan a perder interés. Le sugiero encarecidamente que establezca una serie de cursos de 15 a 20 minutos que puedan enseñar a la gente todo lo que quieren saber sobre cualquier tema que usted esté enseñando. Esto puede implicar desde sesiones de tres cursos hasta diez. De cualquier manera, limite sus sesiones a 20 minutos. Y recuerde, cada curso debe acercar a sus suscriptores a las metas y objetivos de su curso.

3) **Determine el precio de su curso.** Al determinar el precio de su curso en línea, tenga en cuenta que la duración del curso no debe ser el principal factor determinante. En primer lugar, usted debe investigar a cuánto sus competidores en el mismo tema están vendiendo sus cursos. Luego, usted debe ver cómo su experiencia cae dentro del espectro de aquellas personas que están ofreciendo cursos similares. Por ejemplo, si Bill Gates o Paul Allen ofrecieran un curso sobre cómo usar Windows, es seguro suponer que probablemente no podrá cobrar la misma cantidad por un curso similar. Digo esto de manera un tanto irónica, pero si usted es un neófito en el campo para el cual ofreces un curso en línea, probablemente no vas a poder

cobrar tanto como un experto en el campo. Finalmente, al determinar el precio de su curso en línea, usted debe considerar cuánto valor le está dando al suscriptor del curso. Por ejemplo, si usted va a ofrecer un curso en línea que puede ser usado para ganar miles de dólares, usted debería poder cobrar mucho más por ese curso de lo que lo haría si ofreciera enseñar portugués a personas que están planeando visitar Brasil. O si su curso en línea está resolviendo un problema, un curso que resuelve un problema mayor obviamente debe tener un precio más alto que un curso que resuelve un problema menor. Use el sentido común para fijar su precio de venta, y no tenga miedo de probar diferentes precios. Es su curso y deberías ser capaz de fijar el precio que quieras para ese curso, siempre y cuando la gente esté dispuesta a suscribirse.

Me gustaría mencionar otra cosa con respecto a los precios de los cursos en línea. Sí, podrá ganar dinero si puede <u>decirle a</u> la gente cómo hacer algo, pero podrá ganar aún más dinero si puede <u>mostrarles</u> cómo hacer algo. Y finalmente, podrá cobrar aún más si puede ofrecer apoyo para la información que está tratando de enseñar. Por ejemplo, si usted tiene un curso sobre cómo autopublicar un libro, ¿está disponible para contestar preguntas individuales que sus suscriptores puedan tener?

4) **Crear el contenido del curso.** Usando el esquema de su curso, usted debe crear el contenido del curso para cada uno de los segmentos de su lección. Dependiendo de sus preferencias personales, puede decidir si desea trabajar con un guion o no, pero definitivamente querrá trabajar con un esquema. Muchos de los cursos en línea más exitosos no funcionan a partir de un guion y son más informales y conversacionales, pero casi todos funcionan a partir de un esquema.

5) **Cree el curso.** El siguiente paso es crear el curso en sí mismo. A estas alturas, ya habrá decidido si su curso va a ser un curso escrito, un curso de audio o un curso de vídeo. Obviamente, los

cursos en video son los más exitosos, porque a la gente le gusta ver las imágenes a medida que aprende. Si vas a hacer un curso de vídeo, no necesitarás contratar a un experto en vídeo para que filme o edite tus lecciones. Usted debe poder hacer esto en su teléfono, y debe saber que hay muchas herramientas y programas de software fáciles de usar disponibles. Programas como Camtasia y Quicktime se encuentran entre los programas que se pueden utilizar para las grabaciones de pantalla.

Al crear su curso, debe recordar que no es realista esperar que la grabación del video de la lección tenga la sensación de una gran producción televisiva. El contenido de la lección será más importante que la presentación y sin duda mejorará en la producción de sus lecciones a medida que vaya adquiriendo más experiencia al hacerlo.

6) Inicie su curso. Hay una tonelada de diferentes plataformas disponibles para alojar sus cursos en línea. En lugar de intentar pasar por una multitud de estas plataformas, te diré cómo funciona una de las más populares para que te hagas una idea de lo que puedes esperar al publicar y vender los cursos en línea que desarrollas. Udemy.com es la plataforma de aprendizaje en línea más grande del mundo. Más de 30 millones de estudiantes han tomado cursos en Udemy; más de 50.000 instructores ofrecen más de 130.000 cursos en más de 60 idiomas. Esto te dará una idea del alcance de la plataforma Udemy. Cualquiera puede publicar un curso en Udemy. Si quieres cobrar una cuota a los estudiantes de Udemy, tendrás que rellenar una solicitud gratuita que normalmente se aprueba en un plazo de dos días. Por cada estudiante que consigas para tomar tu curso, recibirás el 97% del precio del curso. Udemy recibirá una comisión del 3%. Si Udemy asegura a los estudiantes para sus cursos a través de su propio marketing, ellos tomarán un 50% de comisión y el instructor recibirá el otro 50%. Como Udemy no cobra por hospedaje, la única forma de ganar dinero es vendiendo cursos. Udemy es ampliamente conocido como un buen punto de partida para los instructores principiantes en línea, ya que ofrece una forma sencilla para que los instructores/vendedores ensamblen contenido como diapositivas de PowerPoint, documentos PDF y vídeos de YouTube en un curso coherente. La plataforma Udemy también ofrece una variedad de herramientas de marketing para ayudar a los vendedores a vender su curso.

Otras plataformas populares de cursos de aprendizaje en línea son Teachable, WizIQ, Thinkific y Ruzuka. Si desea profundizar en las diferentes plataformas de cursos en línea que están disponibles, le recomiendo que visite www.learningrevolution.net/sell-online-courses/, donde tienen un bonito artículo que describe 15 de las mejores plataformas de cursos de aprendizaje en línea.

Ya sea que esté publicando libros impresos, libros digitales, audiolibros o cursos de aprendizaje en línea, estos métodos de auto publicación le ofrecen algunas excelentes oportunidades para crear fuentes de ingresos pasivos que pueden hacerle ganar dinero durante largos períodos de tiempo después de haber hecho el trabajo inicial para desarrollar los materiales. Estos espacios de autoedición no son un ingreso 100% pasivo, ya que se requiere de un trabajo inicial. Sin embargo, una vez que haya publicado los materiales, podrá obtener ingresos adicionales durante largos períodos de tiempo -semanas, meses e incluso años- con muy poco trabajo adicional.

Capítulo 3--Blogging para grandes ganancias

Otra gran manera de crear ingresos pasivos adicionales será crear una serie de blogs. Todos estamos familiarizados con la multitud de blogs que aparecen en Internet, pero puede que no entiendas exactamente cómo los blogueros obtienen ingresos de sus blogs. Con este capítulo, voy a proporcionar algunos consejos sobre cómo puede iniciar un blog de éxito que le puede proporcionar ingresos adicionales. Como la mayoría de las fuentes de ingresos pasivos, iniciar un blog requerirá algo de tiempo y esfuerzo. Pero una vez que se ha creado, sus blogs pueden seguir proporcionando ingresos durante meses, semanas e incluso años.

La verdad sobre ganar a través de los blogs

Estoy seguro de que eres consciente de que hay millones de blogs en Internet. Cualquiera que haya utilizado Google o Bing puede atestiguar el hecho de que hay un blog en Internet para casi todos los temas imaginables. Algunos de esos blogs hacen dinero; otros no. Algunos de esos blogs tienen la intención de ganar dinero; otros no. Algunos de los blogs destinados a hacer dinero no lo hacen. Con este capítulo, nos concentraremos en los blogs que están destinados a hacer dinero y le daré algunos consejos y técnicas sobre cómo crear un blog y, a continuación, cómo monetizar ese blog.

Determine un nicho. Al iniciar un blog que le va a proporcionar ingresos adicionales, primero tendrá que encontrar un nicho para ese blog. Un nicho es un segmento de mercado o audiencia en particular. A menos que tu blog tenga un nicho específico o una audiencia objetivo, va a ser muy difícil para ti monetizarlo. Sí, hay bloggers en Internet que escriben sobre temas aleatorios o sobre cualquier cosa y todo. Pero la mayoría de esos bloggers no ganan dinero con sus blogs. Los bloggers que ganan dinero con sus blogs suelen tener temas o nichos específicos que utilizan para atraer visitantes a su sitio o resolver problemas específicos.

Al determinar un nicho para tu blog, debes recordar que la mayoría de las personas visitan los blogs para recopilar información o para resolver un problema específico. Si usted puede proporcionarles la información que están buscando en un paquete atractivo, entonces usted tendrá la oportunidad de tener un blog de éxito. Es importante tener en cuenta que, sea cual sea el nicho que elijas, es probable que ya existan blogs que ya estén dentro de ese nicho. No dejes que esto te desanime. Si usted puede transmitir información valiosa y puede transmitirla de una manera directa, entretenida y atractiva, tendrá la oportunidad de tener éxito con su blog.

Aquí hay ejemplos de algunos de los nichos de blog más populares:

--Cómo hacer dinero.

--Salud y buen estado físico.

--Estilo de vida.

--Comida.

--Finanzas personales.

--Belleza y Moda.

Al elegir un nicho para tu blog, le recomiendo que elija un tema o un área que le apasione. Si le apasiona algo, es mucho más probable que puedas escribir blogs sobre ese tema. Sus lectores serán capaces de sentir su pasión y usted será mucho menos propenso a abandonar su blog o serie de blogs porque se ha aburrido o ha perdido el interés en él.

Le daré un ejemplo. Tengo un amigo cercano que es un ávido fanático del béisbol. Su equipo favorito es el equipo de béisbol profesional de los Minnesota Twins. Mi amigo, que cuando lo conocí trabajaba en un trabajo diario, es tan aficionado al béisbol que pasa casi todo su tiempo libre pensando y hablando sobre el béisbol. Vive y respira béisbol. Un día, se dio cuenta de que podría ganar dinero con su pasatiempo favorito. Así pues, él comenzó un blog de béisbol de los Minnesota Twins en el cual él fijó los artículos que él escribió sobre su equipo preferido. Rápidamente descubrió que había muchos otros fanáticos de los Minnesota Twins que estaban desesperados por leer sobre su equipo todos los días y que querían una dosis diaria de información sobre los Twins, incluso durante la temporada baja. Así, lo que comenzó como un blog semanal, rápidamente se convirtió en un blog o post diario. Ahora tiene un grupo estable de contribuyentes regulares que contribuyen a su sitio web con el tema de los Minnesota Twins. Tiene un foro en el que los visitantes de su sitio o los lectores de su blog pueden comentar sobre diversos temas relacionados con los Twins El sitio ahora tiene podcasts semestrales en los que él y algunos de sus asociados hablan del equipo. Es un invitado en programas de radio y habla sobre los Minnesota Twins. En resumen, ha convertido su pasión y sus modestos blogs iniciales en un trabajo a tiempo completo. Está haciendo realmente lo que ama. Su sitio web Twins/blog spot ahora recibe tantos visitantes diarios que es fácilmente capaz de vender publicidad en el sitio a compañías que buscan alcanzar el mismo nicho de audiencia. Entre estos anunciantes se incluyen corredores de entradas, bares y restaurantes que se encuentran cerca del estadio Twins, agencias de viajes que coordinan las vacaciones de entrenamiento de primavera para ver a los Twins, etc. Es increíble pensar que todo esto comenzó con un blog básico y se ha convertido en un negocio rentable a gran escala.

Al revisar este ejemplo, es importante recordar que mi amigo seleccionó un nicho que le apasionaba, por el que no iba a perder el interés. Iba a pensar y hablar de béisbol tanto si tenía un blog como si no. Pero al lanzar su blog, rápidamente descubrió que mucha gente tiene la misma pasión que él, y fue capaz de monetizar esa pasión en un negocio rentable.

Si quiere determinar un posible nicho para su blog y no está muy seguro de cuál sería un buen nicho para usted, déjame sugerirle que te haga las siguientes preguntas: ¿Cuál es su pasatiempo favorito? ¿Cómo pasas la mayor parte de tu tiempo libre? ¿Hay algún tema o tema sobre el que usted podría seguir y seguir hablando si alguien está dispuesto a escuchar? ¿Cuáles fueron tus asignaturas favoritas en la escuela secundaria o en la universidad? ¿Sobre qué cosas le gusta leer, aprender o reunir información? Si usted fuera rico y no tuviera que trabajar para ganarse la vida, ¿qué actividades o pasatiempos elegiría para llenar su tiempo?

Escribe algunos blogs. Una vez que haya determinado su nicho, puedes empezar a escribir blogs. En lugar de escribir un solo blog, le sugiero que escriba una serie de blogs para que pueda publicarlos regularmente (semanal, mensual, etc.). Prepare algún tipo de esquema en el que usted determine y detalle los temas de cada uno de sus blogs. Algunos bloggers prefieren poner todo su contenido en línea al mismo tiempo y luego dejarlo así. Por ejemplo, si el nicho está dirigido a los bloggers y es sobre Cómo empezar y ganar dinero desde un blog, el blogger podría publicar varios blogs al mismo tiempo. Los temas para los blogs individuales podrían incluir cómo elegir un nicho de blog, cómo escribir un blog, cómo elegir una plataforma de blog, formas de hacer dinero de su blog, etc. Cada tema diferente podría tener un blog separado y, en realidad, usted podría publicar todos estos blogs al mismo tiempo y terminar con la escritura. Por otro lado, si su nicho requiere o se beneficia de actualizaciones frecuentes, querrá escribir blogs adicionales a medida que haya nueva información disponible. Por ejemplo, con el sitio blog de Minnesota Twins que describí, los Twins juegan 162 juegos en una temporada regular y es razonable pensar que cualquier blog concerniente al equipo requerirá por lo menos bitácoras semanales. Este sitio en particular ha tenido tanto éxito que ahora cuenta con nuevos blogs todos los días. Es importante señalar que estos blogs no están escritos por el fundador del sitio del blog. Ahora tiene un grupo estable de escritores que contribuyen con blogs al sitio de manera regular.

¿Y si no es escritor? ¿Todavía puede tener un blog? Sí, sí puede. Puede contratar a un freelance para que escriba sus blogs. Hay una serie de sitios independientes que puede utilizar para contratar a un escritor, incluyendo Upwork y Fiverr. Si quiere transmitir información específica en sus blogs, entonces obviamente tendrá que transmitir esta información al escritor freelance. Pero conozco a otras personas que simplemente le dan un tema al trabajador independiente y luego él investigará el tema y escribirá el artículo. Al contratar a un trabajador autónomo, debe tratar de encontrar a alguien que se adapte a su estilo y con quien pueda trabajar de forma continua. Es posible que tenga que recurrir a uno o dos profesionales independientes antes de encontrar uno que se adapte a sus necesidades. Dependiendo de la longitud de sus blogs, usted debe ser capaz de encontrar un trabajador independiente que puede escribir un blog para usted en alrededor de $ 25 a $ 40 por blog. Si se requiere investigación por parte del trabajador independiente, puede esperar pagar más.

Seleccione su plataforma. Hay muchas plataformas diferentes disponibles para que publique su blog. Algunos de ellos son gratuitos; otros cobran una cuota mensual nominal por alojar sus blogs. En esta sección, detallaré algunas de las opciones disponibles para usted y luego podrá investigar más a fondo estas opciones a medida que decida qué plataforma utilizar.

1) **WordPress** es la plataforma de blogs más popular. Es especialmente popular entre los bloggers principiantes, ya que es gratuito, no requiere mucha experiencia técnica, como la codificación o el diseño, y tiene muchos temas diferentes entre los que elegir. Por favor, tenga en cuenta que WordPress podría no tener la

funcionalidad que está buscando a menos que pague por sus actualizaciones. Sin embargo, como principiante, puede decidir a qué "campanas y silbatos" quiere actualizarse más tarde para que su sitio se vea más profesional, para tener acceso a más temas, diseños, plug-ins, etc. Por ejemplo, WordPress.org cobra alrededor de $3 al mes por albergar y ofrece más de 1500 temas gratis y 20,000 opciones de plug-in gratis. Una vez más, si usted es un principiante, le sugiero que empiece con el paquete gratuito y vea si se ajusta a sus necesidades. Si no es así, podrá actualizar en cualquier momento.

2) **Blogger** es una plataforma propiedad de Google. También es gratuito y ofrece acceso gratuito a herramientas de Google como AdSense y Analytics. Es una plataforma fácil de usar y es una gran plataforma para bloggers principiantes.

3) **Tumblr** es otra plataforma gratuita que es un sitio de medios sociales. Es ideal para los microbloggers, personas que quieren publicar muchas notas cortas con frecuencia.

4) **Typepad** y **WIX** son plataformas comerciales de pago mensual que cobran tarifas mensuales nominales de menos de $10 por mes. Estas plataformas están orientadas a los blogs de negocios. Son fáciles de usar. WIX tiene funciones de comercio electrónico que lo hacen atractivo para las pequeñas empresas. A diferencia de WordPress, Blogger y Tumblr, tanto Typepad como Wix te permiten tener su propio nombre de dominio. Por ejemplo, su nombre de dominio siempre tendrá wordpress (Wordpress) o blogspot (Blogger) en el título. Esto puede no importarle, pero si usted tiene un negocio, eso puede ser una consideración importante y usted puede querer en su lugar utilizar un servidor de terceros como BlueHost o HostGator para alojar su sitio. Ambos servidores de terceros ofrecen precios muy razonables por alojamiento a menos de $3 al mes.

Promociona tu blog. El sentido común nos dice que nadie va a leer su blog a menos que sepa que existe. Algunos blogueros son reacios a "tocar su propia bocina" y decir a otros que tienen un blog. No sea tímido con esto. Cuando publique su primer blog, utilice el correo electrónico y los medios sociales para informar a la gente que conoce sobre su nuevo blog y para decirles cómo pueden acceder a él. Si no lo hace, es posible que descubra que tu madre es la única persona que lo lee.

Utilice su blog para ampliar otras actividades relacionadas con los ingresos pasivos. Si es inteligente, vinculará sus blogs a sus otras actividades de ingresos pasivos. Esto no sólo le ayudará a producir ingresos adicionales, sino que también le ayudará a crear un seguimiento leal. Muchas personas utilizan sus blogs para promocionar sus boletines. Instruirán a los lectores para que se suscriban a los boletines informativos mensuales o trimestrales. En la misma línea, los blogueros dirigirán a sus lectores a los podcasts o a los vídeos que han producido. Conozco un buen número de bloggers que han acumulado los blogs que han escrito a lo largo de los años y los han compilado en eBooks. Todo está interrelacionado. Usted debe planear tener múltiples lugares para promover sus actividades de ingresos pasivos.

Siete maneras de obtener ingresos de los blogs

Hay múltiples maneras de ganar dinero con los blogs. No, no es un proceso de la noche a la mañana y se requiere un trabajo inicial. Sin embargo, una vez que usted está en marcha, podría ser capaz de complementar sus ingresos sustancialmente a través de los blogs. He seleccionado siete de mis formas favoritas para que haga blogs de dinero. Aquí están:

1) **Publicidad de coste por clic (CPC).** Con este concepto, los anunciantes pagarán cada vez que un visitante de su sitio haga clic en

uno de los anuncios de su sitio. Es una especie de "tasa de búsqueda". La publicidad CPC puede incluir anuncios a todo color que aparecen en su sitio; también puede incluir publicidad de texto simple en su blog. Por ejemplo, si tienes un blog de béisbol en el que el tema es "Diferentes maneras de conseguir entradas para el gran partido" y una de las opciones es comprar entradas a través de un corredor de entradas autorizado, podrás mencionar el nombre de ese corredor de entradas en su texto y, siempre que el corredor de entradas sea un anunciante participante, podrá ganar una pequeña suma cada vez que alguien haga clic en ese anuncio y el anuncio lo lleve al sitio del anunciante. Debo mencionar de antemano que no se vas a hacer rico con la publicidad de CPC hasta que el número de personas que visitan su sitio llegue a números respetables. Las compañías que ofrecen publicidad en Internet CPC fácil de implementar incluyen AdSense de Google, infolinks, media.net y Chitika. Si usted tiene más interés en la publicidad de CPC, le sugiero que visite algunos de estos sitios mencionados anteriormente para aprender más acerca de los programas de publicidad que están disponibles para usted como blogger.

2) **Venda su propia publicidad en su blog.** Si quiere, puede encargarse de ir a la "vieja escuela" y vender anuncios en su sitio. Usted puede organizarse para los anunciantes en su sitio o puede hacer que un vendedor de terceros haga eso por usted. Para darle un ejemplo de un enfoque de publicidad de vender su propia bicicleta, si usted tiene un blog con respecto a un sendero específico para bicicletas, sin duda podría acercarse a un lugar de alquiler de bicicletas a lo largo de ese sendero o a un restaurante en una de las paradas a lo largo del sendero y ver si quieren anunciarse en su blog. No hay nada de malo en vender anuncios en su blog a la antigua y podrá quedarse con el 100% de los ingresos por publicidad. Si no quiere molestarse en vender anuncios en su sitio, puede registrarse con un vendedor de terceros y ellos pueden hacerlo por usted. Compañías como BuySellAds o BlogAds son vendedores de

publicidad de terceros que venderán anuncios para su blog. Ellos le darán entre el 70 y el 75% de las ventas de anuncios y luego se quedarán con las cantidades restantes a cambio de sus esfuerzos. Tenga en cuenta que los vendedores de terceros no están interesados en los blogs de bajo tráfico, por lo que tendrá que conseguir que su tráfico a niveles decente antes de que usted puede incluso considerar el uso de un vendedor de terceros.

3) **Venda enlaces de texto en su blog.** He mencionado la publicidad de enlaces de texto en la sección anterior sobre publicidad CPC. Hay una compañía llamada LinkWorth que se especializa en este tipo de publicidad de texto. Con LinkWorth, usted podrá vincular un trozo de texto en su blog a una página en otro sitio. Cada vez que uno de los lectores de tu blog haga clic en este enlace, recibirá una comisión de Linkworth. Este es otro programa que requiere una cantidad decente de tráfico a tu blog antes de que puedas empezar a trabajar con LinkWorth, así que, si es un nuevo blogger y su tráfico en el blog sigue siendo mínimo, tendrá que aumentar su tráfico antes de que puedas empezar a hacer estos enlaces de texto de coste por clic.

4) **Cursos y talleres en línea.** En el capítulo anterior, le dije cómo puede ganar dinero autopublicando cursos y talleres en línea. Cualquier blog que haga debe enlazarse con cualquier curso o taller en línea relacionado que haya producido. Una vez más, todas estas cosas están interrelacionadas y usted nunca debe perder la oportunidad de anunciar un medio en otro medio.

5) **Libros y eBooks.** Así como usted querrá usar su blog para promover sus cursos y talleres en línea, usted querrá usarlo para promover cualquier libro impreso, libros digitales o audiolibros que usted haya producido.

6) **Hablando de eventos.** Una vez que el tráfico de su blog ha alcanzado un nivel de reputación, usted podrá anunciarse como un

experto en cualquier tema que su blog cubre. Esto puede traer oportunidades para hablar en las que usted puede mejorar sus ingresos pasivos. Tuve un reciente compromiso que resultó de mis blogs sobre la historia de la pequeña ciudad en la que nací. Mi público era la sociedad histórica de la ciudad y, aunque no me pagaron por hablar en el evento, pude vender 71 de mis libros impresos después de mi presentación. La presentación valió la pena mi tiempo financieramente, ya que hice más de $10 por libro impreso por una presentación de 90 minutos que disfruté inmensamente. Por lo tanto, si aún no es alguien que pueda cobrar entre 10.000 y 100.000 dólares por discurso, no te preocupes. Usted todavía puede lograr beneficios a una escala más baja utilizando su blog para promover sus productos y servicios.

7) **Marketing de afiliación.** El marketing de afiliación implica recomendar o referir los productos y servicios de otras compañías y sus productos y servicios a cambio de una comisión. ¿Estás recomendando otros productos o servicios en tu blog? ¿O podrías recomendar otros productos o servicios en tu blog? Si lo haces o si puedes, entonces te sugiero que consideres el marketing de afiliación para ganar algún ingreso pasivo. Una vez más, el dinero que puede ganar estará directamente relacionado con el número de personas que leen sus blogs, sin embargo, cuando el tráfico de su blog alcanza un nivel respetable, entonces es hora de que usted comience a explorar las oportunidades de marketing de afiliación. Hay una tonelada de programas de afiliados disponibles para usted. He enumerado algunos de los programas más populares para que los use como punto de partida cuando su blog esté a un nivel en el que pueda empezar a cosechar los beneficios del marketing de afiliación. (He proporcionado información adicional sobre marketing de afiliación en el capítulo que sigue.)

-- Amazon Associates

-- Red de socios de eBay

--BlueHost

--HostGator

--HostPapa

--DreamHost

--AliExpress

Como he detallado en este capítulo, podrás obtener ingresos pasivos de su blog. Obviamente, antes de que pueda hacer eso, tendrá que poner en marcha tu blog y conseguir los niveles de tráfico para ese blog hasta un punto en el que pueda ganar algo de dinero extra. Pero una vez que lo haya hecho, puede empezar a cosechar los beneficios de ello.

Capítulo 4-Haga ingresos pasivos en Internet hoy

La mayoría de nosotros hemos escuchado el término "ganar dinero mientras duermes". El marketing del afiliado es la actividad de ingresos pasivos que se asocia más a menudo con el concepto de hacer dinero mientras usted está durmiendo. En este capítulo, voy a esbozar cómo se puede ganar dinero con el marketing de afiliación y con el dropshipping, otra actividad de ingresos pasivos que a menudo está relacionada con el marketing de afiliación. Le diré por qué necesita considerar estas actividades para sus fuentes de ingresos pasivos y le diré cómo empezar.

Todo lo que necesitas saber sobre la comercialización del afiliado

El marketing de afiliación es cuando usted recomienda o refiere los productos o servicios de otras compañías a cambio de una comisión. Con el marketing de afiliación, usted es el afiliado. Usted busca productos que disfruta o le gustaría promocionar y luego promocionar ese producto a través de sus diversos medios, incluyendo sitios web, medios sociales, blogs escritos o blogs de video, y correos electrónicos. Luego gana una parte de las ganancias cuando se realiza una venta para ese producto o servicio. Las ventas se rastrean a través de enlaces de afiliados de un sitio web a otro.

Le daré un ejemplo rápido. Una mujer tiene una serie de blogs o podcasts dirigidos a los nuevos padres. Como madre primeriza, ha utilizado un cochecito de bebé que le gusta mucho y que recomendaría a cualquiera. Con esto en mente, escribe uno de sus blogs o hace uno de sus vlogs (video blogs) con esta marca de cochecitos como tema principal. Ella recomienda la silla de paseo sobre la base de su experiencia en su uso y en su blog o vlog que proporciona un enlace a la página web del fabricante, donde los clientes pueden visitar y posteriormente comprar la silla de paseo. Por cada cochecito vendido como resultado del blog de la mujer o vlog, la mujer recibirá una comisión por su parte en la recomendación de la silla de paseo y luego decirle al cliente dónde puede comprarla.

Mientras se escribe este libro, las estadísticas actuales muestran que el 81% de todas las marcas y el 84% de todas las empresas están utilizando el marketing de afiliación como medio para vender sus productos o servicios. Esos porcentajes continuarán aumentando a medida que las compañías continúen incrementando sus gastos de marketing de afiliación. En 2018, el 16% de todas las ventas por Internet fueron el resultado del marketing de afiliación. Es un número impresionante. Los datos ahora muestran que las empresas que venden productos y servicios a través del marketing de afiliación gastarán el 62% de lo que gastarían a través de los esfuerzos de marketing tradicionales, por lo que a medida que estas empresas se den cuenta de que pueden gastar menos y tener más éxito en la venta a través del marketing de afiliación, comenzarán a concentrar más esfuerzos de ventas en esa actividad y el marketing de afiliación continuará creciendo en los próximos años.

Desde el punto de vista del consumidor, los consumidores pueden o no ser conscientes de que usted ganará una comisión como resultado de recomendar un producto o servicio. De cualquier manera, a la mayoría de ellos no les importará, ya que casi siempre terminarán pagando el mismo precio por el producto. Su comisión será incorporada en el precio de venta al público del producto y el consumidor no pagará adicionalmente para cubrir sus comisiones.

Como afiliado, se le puede pagar por tres acciones diferentes que dirigen al consumidor hacia el vendedor. La acción más popular será el pago por ventas. Con esta acción, usted dirige al consumidor hacia el vendedor y el consumidor compra el producto. También se le puede pagar con una acción de Pague por Adelanto. Una vez más, usted dirige al consumidor a un sitio del vendedor y el consumidor entonces hace cualquiera de las acciones requeridas, posiblemente completando un formulario de contacto, suscribiéndose a una prueba de producto, suscribiéndose a un boletín de noticias, descargando software, etc. En estos casos, el vendedor valorará estas acciones lo suficiente como para pagarle una comisión. Otra forma de marketing de afiliación implica que el afiliado recibe un pago por clic. Por lo general, el Pago Por Clic implica que el consumidor haga clic en un enlace de su sitio para ir al sitio del vendedor. El vendedor valora esto lo suficiente como para asignar una comisión al afiliado.

¿Por qué ser un vendedor del afiliado? Con el marketing de afiliación, usted realmente puede ganar dinero mientras duerme. Una vez que haya invertido una cantidad inicial de tiempo en la promoción de un producto, puede seguir ganando dinero por sus esfuerzos mucho después de haber recomendado el producto o servicio del vendedor. Una vez que haya dirigido al consumidor hacia el vendedor, puede salir de la transacción y no tener que dedicar tiempo a apoyar al cliente después de la venta. El marketing de afiliación es atractivo para muchas personas porque les permite obtener ingresos pasivos desde casa sin mucha inversión inicial y sin tener que crear el producto o servicio que va a ayudar a vender. No hay que preocuparse por las cuotas de afiliación y puede empezar rápidamente sin mucho tiempo o esfuerzo.

Cinco pasos para convertirse en un vendedor del afiliado

¿Cómo puede comenzar su camino para convertirse en un vendedor afiliado? Aquí están algunos pasos simples que usted puede tomar para convertirse en un vendedor afiliado. Para el momento en que usted complete estos pasos, usted debe estar bien ubicado en el camino para convertirse en un exitoso vendedor afiliado y ganar ingresos pasivos mientras duerme.

1) **Encontrar o determinar un nicho.** Si va a entrar en el marketing de afiliación, va a tener que determinar un nicho para ese marketing. En la determinación de un nicho o nichos para su marketing de afiliación, le sugiero que encuentre nichos o áreas que le apasionan o que le interesan mucho.

Me usaré a mí mismo y a mi esposa como ejemplos. Al hacer un inventario personal, tengo una serie de pasiones, muchas de las cuales son mis pasatiempos. Me encanta el béisbol, especialmente la Major League Baseball. También me encanta ser entrenador de béisbol juvenil, al igual que leer y escribir. Me considero un experto en escritura, escritura fantasma, autoedición y edición. Por último, me encanta andar en bicicleta y me encantan los perros. A mi esposa, por otro lado, le encanta hablar sobre temas de paternidad. Es partera de oficio y tiene muchos conocimientos sobre partería. Ella es una fashionista y es extremadamente conocedora y apasionada de los bolsos, como lo atestiguan nuestros estados de cuenta de tarjetas de crédito.

Al examinar sus interese debe tratar de determinar si hay suficiente conocimiento para que usted se presente como un experto en el tema. ¿Hay suficiente conocimiento en el tema como para escribir 25, 50 o 100 blogs sobre él? Para mis propósitos, podría escribir un blog sobre béisbol todos los días. Por otro lado, aunque me gusta andar en bicicleta, me resultaría difícil escribir de 25 a 50 blogs sobre el ciclismo.

Si usted tiene suficiente información en el nicho que está considerando, la siguiente cosa a considerar es si usted puede hacer dinero en la recomendación de productos o servicios en ese nicho. Con los intereses de mi esposa y los míos, se me ocurren un par de cosas. En cuanto a mi amor por los perros, soy muy consciente de que los productos y suministros para mascotas son una industria enorme. Incluso una industria más pequeña como el ciclismo tiene una gran cantidad de diferentes productos disponibles, incluyendo bicicletas, cascos, guantes, bolsas para bicicletas, botellas de agua y portabotellas, kits de reparación de neumáticos para bicicletas, etc. Obviamente, hay un mercado para bolsos de mujer, gracias a mi esposa. Por otro lado, tengo la sensación de que no se puede ganar tanto dinero en el entrenamiento juvenil, ya que no hay muchos productos necesarios para entrenar a un equipo de béisbol juvenil. Sí, es posible que se requieran uniformes, bates y pelotas, pero la mayoría de los entrenadores ya tienen fuentes para esos productos. Sí, puede haber algunos talleres de entrenamiento en línea que pueden estar disponibles para la venta o algunos libros en la misma línea, pero la cantidad de productos en este nicho parece ser algo limitada en comparación con los productos disponibles en el nicho del perro o incluso en el nicho más pequeño del ciclismo. Por lo tanto, al hacer un inventario de las cosas que te apasionan, debes determinar si hay dinero para hacer dentro de esos nichos. Si no hay ninguno o tantos productos para vender dentro de ese nicho, entonces no es un buen nicho de marketing de afiliación. Sin productos no hay ventas.

2) **¿Hay programas de marketing de afiliación disponibles dentro de su nicho?** Una vez que se haya decidido por un nicho en el que esté interesado, es hora de que averigüe qué hay en términos de productos y servicios que puede promocionar con sus sitios web, blogs, vlogs y correos electrónicos. Por ejemplo, si decido que quiero entrar en un programa de marketing de afiliación con respecto al adiestramiento de cachorros, me gustaría saber qué productos hay por ahí que estén relacionados con el adiestramiento de cachorros o el adiestramiento de perros. A una escala un poco más amplia, ¿qué

productos existen que estén relacionados con los cachorros en general?

Tendrá que pasar algún tiempo investigando esto. Pero debido a que los productos y servicios que usted encuentre serán la fuente de sus ingresos para este esfuerzo de marketing de afiliación, el tiempo que usted pase en él valdrá la pena. Cuando encuentre estos productos o servicios, debe asegurarse de que sean de buena calidad. Si usted está comercializando artículos de mala calidad, seguramente dañará su reputación o credibilidad. Muchos vendedores del afiliado probarán productos o servicios antes de recomendarlos. Además, debe asegurarse de que los productos que recomienda a los consumidores son productos con los que desea asociarse. Podría ser conveniente que lea los comentarios de productos publicados de cualquier producto o servicio que esté considerando para sus esfuerzos de marketing de afiliación.

Mientras encuentra programas de marketing de afiliación dentro de su nicho, usted debe ver si hay vendedores similares a usted dentro del nicho. Si es así, eso es probablemente una buena noticia, ya que otros afiliados probablemente no recomendarían a esos vendedores si no estuvieran ganando dinero con ello.

3) **Es hora de hacer un sitio.** Ahora que ha hecho su investigación, es hora de que cree un espacio en el que pueda difundir información a los consumidores. Es hora de hacer un sitio web. Aunque hay diferentes anfitriones web, muchos principiantes usan WordPress porque es fácil de usar y es gratis (aunque hay actualizaciones disponibles). Construir un sitio web es mucho, mucho más fácil que nunca y no necesitará ser un programador o un diseñador. No se requieren conocimientos técnicos.

Al construir un sitio web, primero tiene que comprar un dominio, que será la dirección de su sitio web. GoDaddy y NameCheap son fuentes muy populares de las que puedes comprar un nombre de dominio. La última vez que miré, se podía comprar nombres de dominio de estas dos compañías a menos de $15 por año. Al seleccionar su nombre de dominio, debe saber que es posible que el nombre de dominio que desea ya exista y que tenga que pensar en otras opciones.

Después de tener un nombre de dominio, tendrá que encontrar un anfitrión para su sitio web. Una vez más, GoDaddy es una opción popular, al igual que BlueHost y HostGator, compañías que mencioné anteriormente. Las tres compañías tienen planes que comienzan con menos de $3 al mes. Si usted compra su nombre de dominio y su alojamiento web de diferentes empresas, tendrá que vincular los dos juntos. Sin embargo, este es un proceso muy fácil que se describe en los sitios mencionados anteriormente.

Ahora que ha comprado un nombre de dominio y ha seleccionado un host para su sitio web, es el momento de instalar su sistema de gestión de contenidos. (por ejemplo, WordPress o cualquier sistema de gestión de contenidos que haya elegido.) En el proceso de hacer esto, tendrá la oportunidad de seleccionar un tema para usar en su sitio web. Mientras que la mayoría de los sistemas de gestión de contenidos ofrecen una gran selección de temas para elegir, usted debe seleccionar un tema que funcione bien con cualquier nicho que haya elegido.

4) Cree contenido para su sitio web. Ahora que tiene su nombre de dominio, su anfitrión web y su tema, puede empezar a crear contenido para su sitio web. Cualquiera que sea el contenido que usted cree, ciertamente debe estar relacionado con el nicho que usted ha elegido. Su contenido debe ser lo suficientemente interesante, atractivo o informativo para que los visitantes de su sitio web sigan volviendo. Aquí están algunas ideas básicas sobre las formas populares de transmitir el contenido en los sitios de marketing de afiliación:

Reseñas. Muchos afiliados proporcionarán reseñas de los productos o servicios que están tratando de vender. Si es posible, usted habrá usado los productos que está recomendando. Esto le ayudará inmensamente a revisar el producto. Si usted no ha usado el producto, muchos consumidores pueden sentir que no lo ha hecho.

Blogs. Los afiliados a menudo utilizan los blogs para promocionar los artículos que intentan vender. Aunque el blog no tiene que ser necesariamente todo sobre el artículo que está tratando de vender, al menos debe mencionar ese producto o servicio dentro del artículo en el lugar apropiado. Muchos blogs abordan problemas, preguntas y luego, con suerte, ofrecen soluciones o recomendaciones sobre cómo se pueden resolver esos problemas. En el trabajo de su marketing de afiliación, obviamente querrá recomendar sus productos de afiliados como posibles soluciones a los problemas.

Enlaces de contenido dentro del texto. Estoy seguro de que ha visitado sitios web y leídos artículos que tienen enlaces dentro del texto de esos artículos. Si hace clic en esos enlaces, le llevarán a otros sitios web donde podrá ver contenido adicional o comprar productos o servicios. Estos se denominan enlaces contextuales de texto y proporcionan un medio muy eficaz de marketing de afiliación. Al usar enlaces de texto, usted podrá ganar dinero si la gente de su sitio va inmediatamente a estos otros sitios y compra productos.

Productos informativos. Muchos sitios web ofrecerán productos informativos gratuitos para crear sus listas de correo. Si usted puede construir una lista de correo sustancial, usted será mucho más exitoso en su marketing de afiliación. Los afiliados también ofrecerán boletines o libros electrónicos gratuitos a los consumidores que registren sus nombres y direcciones de correo electrónico.

Banners publicitarios. Muchos afiliados utilizan anuncios de banner en sus sitios web para dirigir a la gente a sus sitios afiliados. Estos anuncios de banner pueden ser muy efectivos, aunque no querrá desordenar su sitio con tantos anuncios que su contenido se pierda. También puede perder su credibilidad como experto.

5) Comercialice su sitio, construya su audiencia. Ahora que tiene su sitio web en funcionamiento, es importante que la gente sepa que existe. Hay varias maneras de construir la audiencia para su sitio web. Al hacer esto, es importante que usted continúe agregando contenido valioso a su sitio, contenido que hará que la gente vuelva a su sitio. Si alguien va a visitar su sitio una vez y luego no volver a visitarlo nunca más, es muy poco probable que tenga éxito en sus esfuerzos de marketing de afiliación. Aquí hay maneras en que usted puede tener seguidores:

Medios de comunicación social. Probablemente ya esté participando en varios medios de comunicación social. Es importante que utilice esos lugares para promocionar su nuevo sitio web. Los medios sociales como Facebook, Instagram, Twitter y Pinterest ofrecen oportunidades para que se enteren de su nuevo sitio.

Experiencia. Si es un experto en algo (es decir, en entrenamiento de cachorros), deberías estar disponible para publicar artículos de invitados en otros blogs relacionados de alto tráfico. Ofrézcase a escribir blogs para ser publicados en estos otros sitios a cambio de que mencionen o proporcionen un enlace a su dirección web. Si publicas un mensaje en el sitio web de otra persona, podrás hacer correr la voz sobre el sitio web de usted.

Optimización para motores de búsqueda (SEO). SEO también será importante para dirigir a la gente a su sitio web. Si usted no está muy familiarizado con el SEO, le sugiero que se tome un tiempo para leer algunos artículos sobre SEO y lo que puede hacer para optimizar su sitio web en las búsquedas de Internet. Si usted no tiene el tiempo para hacer esto, puede considerar contratar a un experto en marketing SEO para que lo haga por usted.

Publicidad pagada. Otra opción que puede utilizar para llevar a la gente a su sitio web es la publicidad de pago. Los sitios de medios sociales generalmente ofrecen anuncios asequibles. O puede comprar anuncios de banner en pequeños sitios de nicho que están relacionados con su nicho. GoogleAdWords también puede ser una buena opción para usted, dependiendo de su nicho.

Gana dinero con el envío de dinero

El dropshipping es otra forma de obtener ingresos pasivos. Para aquellos que no están exactamente seguros de lo que es el dropshipping, permítanme proporcionarles una descripción que puede ayudarles Dropshipping es un método de cumplimiento minorista en el que podrá vender los productos minoristas de su elección en una tienda en línea que cree. El beneficio de dropshipping para usted es que no tendrá que abrir una tienda física con sus grandes gastos generales y mensuales de alquiler y seguro. Usted no tendrá que contratar y pagar a los empleados o hacer impuestos sobre la nómina. No tendrá que llevar ni almacenar ninguna mercancía. Todo esto será manejado por un tercero, un proveedor que almacenará y almacenará los artículos que usted está vendiendo y que enviará los artículos que usted vende directamente al consumidor.

Usted será responsable de asegurar las ventas de los artículos que está vendiendo. También podrá fijar precios en estos artículos, pero esos precios tendrán que ser comparables a lo que el mercado dicte u ofrezca la competencia o las compañías que venden la misma mercancía. Debe señalarse que, con los programas de envío por correo, es probable que los productos que usted está vendiendo también sean vendidos por otras compañías, por lo que sus precios probablemente tendrán que seguir siendo competitivos y es posible que descubra que sus márgenes de ganancia serán reducidos, dependiendo del artículo.

Permítame explicarle cómo funciona este proceso entre bastidores. Digamos que tengo una tienda en línea que vende camisetas de béisbol de ligas menores personalizadas. Todas estas camisetas contienen los logotipos y diseños de los diferentes equipos de béisbol de las ligas menores. Un cliente compra una camiseta en mi sitio web por $40 y me paga en línea por esa camiseta. Luego envío el pedido a mi proveedor o mayorista, quien me vende la camiseta por $28. El proveedor envía el pedido al cliente usando una etiqueta de envío con mi nombre. Esta "etiqueta ciega" se utiliza para que el cliente reconozca al remitente del artículo. También se utiliza para que el cliente no pueda eludirme e ir directamente al proveedor o mayorista. Cuando el proveedor o mayorista envía la camiseta al cliente, me cobrarán los $32 dólares del costo de la camiseta más el envío. Por lo tanto, mi papel en toda la venta es simple: Aseguré la venta y la envié al proveedor, y envié un acuse de recibo al cliente. El proveedor hizo, almacenó y envió la camiseta. También cobré $8 por la venta. En definitiva, como vendedor afiliado, soy un intermediario. Como puede ver, el dropshipping es un modelo de negocio sencillo que requiere una inversión mínima de tiempo y dinero por su parte. Si encuentra el nicho y el proveedor adecuados, el dropshipping puede ser una empresa rentable.

Cinco pasos esenciales en la creación de una empresa de dropshipping

Aquí hay cinco pasos esenciales para lograr el éxito del dropshipping.

1) **Encuentra un nicho.** Hemos discutido lo importante que es encontrar un nicho en las secciones anteriores sobre blogs y marketing de afiliación. Los mismos principios se aplican aquí. Si se

va a involucrar en el dropshipping, estará involucrado en un lugar en el que es probable que tenga muchos competidores. Con esto en mente, cuanto más pueda refinar su nicho, más éxito tendrá. Por ejemplo, si desea afinar su nicho, puede ir desde productos para mascotas hasta productos para perros, pasando por productos para cachorros o productos de entrenamiento para perros, etc. Cuanto más ajuste su nicho, menos competidores y mayores serán sus márgenes de beneficio.

2) **Investigue a su competencia.** Hablando de competencia, será importante que usted investigue a su competencia para averiguar cuánto están cobrando por los mismos o similares artículos que usted pretende vender en su sitio. Esto le dará una idea de los márgenes de ganancia que estarán involucrados con los artículos que tiene la intención de vender. Si descubre que tendrá que vender con márgenes bajos en la mayoría de los artículos que tiene intención de vender, es posible que desee reconsiderar el nicho que ha elegido.

3) **Seleccione una plataforma.** Con su negocio de envío por correo, tendrá muchas plataformas para elegir. Esbozaré tres de las plataformas más populares aquí para darle una buena idea de lo que está disponible para usted.

Doba tiene una gran selección de productos y proveedores para que usted los utilice en sus actividades de dropshipping. Tienen más de 2 millones de productos para elegir. Estos productos provienen de casi 200 proveedores. Al trabajar con Doba, usted no tendrá que asociarse con varios dropshippers. Doba cobra $29 al mes por su programa básico y 99 centavos por pedido. Tienen seminarios web de capacitación en vivo para principiantes y le enviarán actualizaciones por correo electrónico sobre descuentos para proveedores, nuevos productos y productos de temporada, y nuevos proveedores a medida que estén disponibles para usted.

Oberlo es una plataforma que se integra perfectamente con Shopify. Permite la importación de productos AliExpress con un solo clic. Por favor, tenga en cuenta que Oberlo sólo funciona con tiendas Shopify y sólo admite AliExpress por el momento. Ellos ofrecen una cuenta gratuita, pero con la cuenta gratuita, usted estará limitado a 500 productos y 50 pedidos por mes. Cuando sus pedidos superen los 50 pedidos al mes, su cuota mensual será de $29.90.

Dropship Direct tiene más de 100,000 artículos de más de 900 marcas para que usted elija. Es gratis de usar, pero a medida que su negocio crece, usted notará que tienen un sistema de administración back-end que está disponible por $37/mes o gratis para aquellos que están haciendo más de $1000 al mes en ventas.

Otras plataformas de dropship que podrían merecer una mirada incluyen **Wholesale2B, Megagoods, SaleHoo, Sunrise Wholesale, Wholesale Central, y National Dropshipper.**

4)   **Construya su sitio de comercio electrónico.** Una vez que haya determinado la plataforma que va a utilizar para sus actividades de envío por correo, tendrá que desarrollar un sitio web o una tienda en la que vender los productos que ha elegido. La mayoría de los novatos que envían por correo usan Shopify para su tienda de comercio electrónico. Shopify tiene un constructor de sitios web que le permitirá poner en marcha su negocio de envío por correo rápidamente. No necesitarás conocimientos técnicos para lanzar un sitio web en Shopify. Y con un sitio de Shopify, usted tendrá control total sobre la navegación, las páginas de contenido y el diseño de su sitio. Además, Shopify tiene un sistema de procesamiento de pagos incorporado que le permitirá aceptar pagos de clientes que están comprando artículos en su sitio. Y Shopify tiene múltiples aplicaciones que le ayudarán a desarrollar un exitoso negocio de envío por correo. Además, Shopify tiene una serie de planes de precios para que usted elija. Esos planes comienzan en $29/mes y

Shopify tomará el 2.9% de las ventas y 30 centavos por transacción además de la cuota mensual.

5) **Lleve a la gente a su sitio.** Una vez que usted tiene su sitio de ecommerce funcionando, su trabajo no está terminado. Va a tener que seguir trabajando para que la gente visite su sitio. Lo harás en los medios sociales, en tus blogs y vlogs, y con los correos electrónicos. He descrito la mayoría de estas actividades de marketing en el capítulo sobre marketing de afiliación, así que no las repetiré aquí. Pero hago hincapié en la importancia de hacer que la gente conozca su sitio, no sólo una vez, sino de forma continua. Si usted tiene buenos productos para vender a precios razonables, la clave para el crecimiento de su negocio girará en torno a su capacidad de conseguir que la gente visite ese sitio.

Capítulo 5: Hágase más rico mientras duerme

En este capítulo, voy a mostrarle algunas fuentes de ingresos pasivos adicionales para ayudarle a ganar aún más dinero mientras duerme. Tal vez hasta pueda llegar a un punto en el que gane tanto dinero mientras duerme que querrá dormir todo el tiempo. Sólo bromeaba. (broma)

Amazonas FBA

Amazon FBA significa Fulfillment By Amazon. Amazon FBA se ha convertido en una de las formas más populares de obtener ingresos en línea. Hay casi 2 millones de personas vendiendo en Amazon en todo el mundo. Alrededor de la mitad de las ventas en Amazon provienen de la venta a terceros; de los 10.000 principales vendedores de Amazon, cerca de dos tercios de esos vendedores utilizan FBA.

Así es como funciona. Usted envía sus productos a Amazon y ellos lo almacenan por usted. Cuando un cliente hace un pedido de uno de sus productos, Amazon selecciona, empaqueta, envía y rastrea ese producto por usted. También se encargan de todas las devoluciones y reembolsos. Amazon entonces le paga cada dos semanas por cualquier mercancía que usted haya vendido. A cambio de sus esfuerzos, Amazon cobra tarifas de almacenamiento y cumplimiento.

Hay una serie de ventajas importantes al usar Amazon FBA para vender sus artículos. Lo más importante es que les ofrecen acceso inmediato a millones de clientes potenciales. Más de 300 millones de personas han comprado a Amazon; tienen más de 90 millones de miembros de Amazon Prime. En resumen, ninguna otra compañía puede siquiera acercarse a ofrecerle acceso a tantos clientes. Y gracias a todos los paquetes que envía y a todos los almacenes que tiene en diferentes partes del país, Amazon es capaz de enviar y entregar artículos de manera menos costosa que cualquier otra empresa. Una de las mayores razones por las que la gente usa Amazon es por el envío gratuito que ofrecen a sus clientes Prime y también a sus clientes que no son de Prime que hacen pedidos que alcanzan una cantidad mínima de dólares. Además, Amazon es conocida por su rapidez de envío, su excelente servicio al cliente y su generosa política de devoluciones. Todo esto ha permitido a Amazon construir su reputación como minorista, y el volumen que genera Amazon muestra la confianza que los consumidores tienen en la empresa.

Si va a utilizar Amazon FBA, debe tener en cuenta las diversas tarifas asociadas con él. Si acaba de empezar, Amazon tiene un plan individual para aquellas personas que venden menos de 40 artículos al mes. No hay cuota de suscripción para este plan. Si usted está vendiendo más de 40 artículos al mes en Amazon, el siguiente paso es su plan de venta profesional, el cual tiene un cargo de suscripción mensual de $39.99. Los vendedores individuales de planes en Amazon pagan un cargo de 0.99 por artículo vendido y cargos variables de cierre de 0.45 a 1.35 dólares por artículo. Los vendedores profesionales pagan comisiones de cierre variables y comisiones de referencia que oscilan entre el 6% y el 25%, con un promedio del 13%.

Si va a participar en el programa FBA de Amazon, pagará las tarifas de almacenamiento de Amazon para que almacene sus artículos en su almacén. Hay cargos por almacenamiento a corto y largo plazo. Las cuotas a corto plazo son cuotas mensuales que varían dependiendo de la época del año en que se almacenan los artículos. De enero a septiembre, usted tiene que pagar alrededor de 0.65 por pie cúbico; durante la temporada de fiestas, de octubre a diciembre, usted tiene que pagar $2.40 por pie cúbico. Además de eso, tendrá que pagar tarifas de almacenamiento a largo plazo por cualquiera de sus artículos que Amazon almacena durante más de un año. Amazon toma lo que ellos llaman una limpieza de inventario cada 15 de febrero y 15 de agosto y luego le notificarán de cualquier artículo que haya tenido en su inventario durante más de un año. Pero puede evitar los gastos de almacenamiento a largo plazo si envía una orden de mudanza y saca esos artículos del almacén de Amazon. Por lo tanto, las tarifas de almacenamiento a largo plazo no deben ser una preocupación importante. De cualquier manera, también le corresponderá mantenerse al tanto de su inventario para que pueda minimizar los costos mensuales de almacenamiento y eliminar la posibilidad de cualquier costo a largo plazo.

Al revisar las historias de éxito de Amazon FBA, he notado que las historias de éxito más grandes involucran a vendedores que están vendiendo productos únicos o nichos de productos. Si quieres hacerte rico vendiendo a través de Amazon FBA, querrás tener un producto extremadamente único, posiblemente incluso un artículo o concepto que hayas creado. Por ejemplo, las historias de éxito de Amazon FBA incluyen a un hombre que creó un juego de cartas de juguete y otro hombre que creó un concepto sobre cómo comprar y vender libros usados con fines de lucro. Otro hombre tomó un viejo concepto que había perdido fuerza y lo comercializó a una nueva audiencia. Tomó un aro y una red de baloncesto pop-up que antes se vendían en salas de juegos, ferias y bares, y volvió a comercializarlos para que fueran destinados al uso doméstico. Alguien más trabajó con un fabricante chino para desarrollar una línea de zapatos ultra cómodos, mientras que otro exploró y puso a disposición de los amantes de las mascotas una línea de productos para la salud. Y otra selección de artículos de moda que él podía etiquetar privadamente y ponerlos a su disposición. Como puede ver, la mayoría de estas historias de éxito involucran productos o conceptos únicos. Si usted tiene un artículo como este o si usted puede encontrar uno, usted podría tener un éxito tremendo en Amazon FBA.

Todo lo que necesita saber sobre las oportunidades de préstamos entre pares

Los préstamos de persona a persona (P2P) son otra forma de obtener ingresos pasivos, al usar su dinero para ganar más dinero. Para aquellos de ustedes que no están familiarizados con los préstamos entre pares, permítanme que se los describa. Con los préstamos P2P, los individuos prestan su dinero a individuos o pequeñas empresas que buscan pedir dinero prestado. En esencia, el P2P es un préstamo no bancario que elimina al intermediario: los bancos. Los préstamos P2P se han vuelto atractivos para los inversionistas que buscan rentabilidad y que buscan alternativas para reemplazar las inversiones tradicionales de bajo rendimiento, tales como ahorros, bonos, fondos del mercado monetario y certificados de depósito.

Si está diciendo que no tiene dinero para invertir, debo señalar rápidamente que no tendrá que invertir grandes cantidades. Muchas compañías populares de préstamos P2P, incluyendo Prosper y Lending Club, requieren una inversión mínima de sólo $25 en cada préstamo. Los préstamos entre pares generalmente ofrecen una tasa de rendimiento que oscila entre el 5 y el 11%. Los préstamos P2P generalmente se consideran seguros, pero, como con cualquier préstamo, existe cierto riesgo, ya que los préstamos ofrecidos son préstamos sin garantía.

Así es como funcionan los préstamos P2P. Una persona (o negocio) que busca pedir dinero prestado va a un sitio de préstamos P2P y llena una solicitud que incluye la razón por la que quiere pedir dinero prestado y la cantidad que está buscando. Los préstamos P2P oscilan entre $1000 y $35,000. Esta información se pone a disposición de los posibles inversores, que pueden elegir en qué préstamos invierten. El precio y la clasificación de los préstamos se basan en numerosos factores, incluyendo el puntaje crediticio del prestatario potencial, el nivel de ingresos actual, el monto del préstamo solicitado y el plazo deseado del préstamo. Es importante señalar que casi todas las plataformas de préstamos no entretienen a los prestatarios de alto riesgo. De hecho, la mayoría de las plataformas de préstamos requieren un puntaje crediticio mínimo de 600 a 650 y por lo general no otorgan préstamos a personas o empresas que han tenido bancarrotas, sentencias o gravámenes fiscales recientes.

Con los préstamos P2P, la plataforma maneja todas las tareas administrativas involucradas en los préstamos, incluyendo la suscripción, el cierre, la distribución del préstamo y el cobro de los pagos mensuales. A cambio de ello, las plataformas de préstamo cobran una comisión de gestión (generalmente del 1%) por su papel en la administración del préstamo. Esta comisión de gestión se resta de cada pago mensual. Con los préstamos P2P, todo lo que el inversor tiene que hacer es seleccionar los préstamos en los que desea invertir.

Como se mencionó anteriormente, existe cierto riesgo al invertir en préstamos P2P. El principal riesgo es la posibilidad de incumplimiento. Como se trata de préstamos sin garantía, usted podría perder el dinero que ha invertido si el prestatario incumple con el préstamo. Y no hay seguro de la FDIC (Corporación Federal de Seguro de Depósitos) para estos préstamos. Así que, en el peor de los casos, el dinero que invierta en préstamos P2P podría disminuir en lugar de aumentar. Otra cosa para recordar es que estas inversiones tienen una liquidez limitada. Por lo tanto, una vez que haya invertido, probablemente no podrá sacar su dinero hasta que el plazo del préstamo haya expirado.

Al entrar en los detalles de los posibles riesgos de la inversión en préstamos P2P, no lo hago para desanimarle de participar en esta forma de inversión. Sólo quiero que tengan cuidado con las posibles trampas que se asocian con los préstamos P2P. La mayoría de las plataformas de préstamos clasifican el riesgo de cada préstamo y algunas de ellas le permiten invertir en todas sus diferentes categorías de riesgo. Esto permite al inversor diversificar su cartera y compensar los mayores riesgos con menores riesgos.

He enumerado algunas de las plataformas de préstamo más populares para los inversores con una breve descripción de cada una:

Prosper es una de las plataformas de préstamo P2P más populares. Permite a los inversionistas invertir un mínimo de $25 en un préstamo. Prosper tiene siete categorías de riesgo diferentes que tienen retornos estimados que van del 5% al 13-1/2%. Permite a los inversores distribuir sus riesgos entre todas las categorías para que puedan diversificar sus carteras y equilibrar sus riesgos globales.

Lending Tree es otro sitio muy popular. Con Lending Tree, usted puede invertir tan poco como $25 en cualquier préstamo, pero aun así tendrá que transferir un mínimo de $1000 a su cuenta. Con esta plataforma, si no desea seleccionar los préstamos manualmente, le permitirán elegir una mezcla de plataforma o una mezcla personalizada.

Peerform tiene 16 categorías de riesgo diferentes. Permiten a los inversores invertir en préstamos enteros o fraccionados. Además, le permitirán repartir sus préstamos entre las diferentes categorías de riesgo, para que pueda diversificar su cartera y promediar sus riesgos a un nivel con el que se sienta cómodo.

Aquí hay algunas otras plataformas populares que pueden ser de su interés: Upstart, StreetShares, FoundingCircle y Kiva. StreetShares y FundingCircle se dirigen a los préstamos para pequeñas empresas. Kiva destina los préstamos a organizaciones sin fines de lucro.

40 maneras en que puede usar sus habilidades o intereses para obtener un ingreso pasivo

Esto será divertido. De manera rápida, voy a mencionar algunas ideas rápidas sobre cómo podrías usar sus habilidades o intereses para ganar un ingreso pasivo. No gastaré mucho tiempo o espacio en estas ideas, ya que eso requeriría un libro entero. Sin embargo, espero que al menos algunas de estas ideas le sean útiles. Ofrezco una amplia gama de ideas y las ofrezco al azar. Se dará cuenta inmediatamente de que algunas de las ideas no son para usted, pero es de esperar que algunas de ellas despierten su interés.

1) **Realice encuestas en línea.** Usted puede ganar dinero en su tiempo libre completando encuestas en línea. Hay muchas empresas de investigación en línea que le pagarán por completar encuestas. Comience con **Survey Junkie** y, si todavía tiene tiempo extra, regístrese con otras compañías.

2) **Escritor independiente.** ¿Es usted escritor? Si es así, puedes ganar dinero extra escribiendo artículos, blogs, libros, copias para la web, etc. Comience con **Upwork** y **Contently.**

3) **Editor independiente.** ¿Es bueno editando? Si es así, puede ganar dinero editando blogs, trabajos de tesis, artículos, web copy, libros, etc. Una vez más, comience con **Upwork** y **Contently.**

4) **Pintar casa.** ¿Le gusta pintar? ¿Eres bueno en eso? Si es así, usted debe ser capaz de pintar algunas casas para hacer dinero extra, por dentro o por fuera. Su cliente compra la pintura, pero usted tendrá que suministrar los otros materiales necesarios.

5) **Vende tus notas de la clase de la universidad.** Si usted toma buenas notas, probablemente pueda ganar algo de dinero extra vendiendo notas a los estudiantes que están tomando las mismas clases el siguiente semestre.

6) **Venda su plasma.** Hice esto cuando estaba en la universidad. A diferencia de la sangre, que puede donarse sólo cada ocho semanas, usted puede vender su plasma hasta dos veces por semana,

a un precio de $25 a $50 por sesión. Si usted tiene un centro de plasma cerca de usted, esta es una gran manera de ganar dinero extra. La mayoría de las ciudades ahora tienen centros de plasma. Si usted está asistiendo a una universidad grande, es casi seguro que hay un centro de plasma cerca.

7)   **Venda sus fotografías.** ¿Es un buen fotógrafo? ¿Le gusta tomar fotos? Bueno, puede vender esas fotos a sitios de fotos de stock y puedes vender la misma foto una y otra vez. ¿Quién compra estas fotos de archivo? La gente los compra para usarlos en sitios web, en blogs y boletines, en portadas de libros, etc. Es caro contratar a un fotógrafo, y muchas personas prefieren comprar fotos de un sitio de fotos de stock. Comience con **istockphoto, SmugMugMug Pro** y **Shutterstock.**

8)   **Hacer, crecer y vender cosas en los mercados agrícolas.** ¿Tiene usted un mercado de agricultores en su comunidad o en una comunidad circundante? Si es así, estos son excelentes lugares para vender muchos artículos caseros o hechos en casa, incluyendo frutas y verduras, productos horneados, artesanías, edredones, y miel, jarabe o salsa hechos en casa. Visite el mercado agrícola más cercano y vea si le ofrece la posibilidad de vender cualquiera de sus productos caseros o hechos en casa.

9)   **Tutor deportivo.** ¿Conoce de deportes? Si es así, usted podría considerar ser un tutor de deportes. Si usted es un buen jugador de béisbol, podría considerar ofrecer sus servicios para enseñar a los niños cómo mejorar sus habilidades de bateo. ¿Fue mariscal de campo en la secundaria o en la universidad? Enseñe a los aspirantes a mariscales de campo cómo mejorar sus habilidades de lanzamiento. ¿Tenis? ¿Fútbol? ¿Gimnasia? Muchos padres están dispuestos a gastar dinero para que sus hijos mejoren sus habilidades deportivas.

10)   **Tutor de Matemáticas.** En la misma línea, si es bueno en matemáticas, puedes vender tus servicios como tutor de matemáticas. Tengo una hija que hizo eso para los niños de la escuela intermedia y

ella ganó algunos buenos ingresos a tiempo parcial de tutoría a los niños en matemáticas.

11)   Tutor de idiomas. De nuevo, en la misma línea, si usted es competente en un segundo idioma, puede enseñar a los estudiantes para que aprendan otro idioma. Y con todas estas ideas de tutoría, usted debe tener en cuenta que puede hacer esa tutoría en persona o en línea, individualmente o en sesiones de grupo. Un amigo mío tiene un hijo que está pagando por su viaje post-universitario a través de Europa enseñando inglés a estudiantes chinos en línea.

12)   Trabajo de voz en off. ¿Tienes buena voz? Si es así, puedes ganar dinero extra haciendo trabajos de voz en off. Empieza con **Upwork** o **Fiverr** para encontrar tus conciertos.

13)   Reciba un pago por comprar. Mucha gente ahora utiliza a los compradores personales por una variedad de razones. Algunas personas usan compradores personales para hacer sus compras de regalos navideños (lo vi en una película de Hallmark). Mi vecina tiene 92 años y le paga a una mujer para que haga sus compras semanales. Algunos ejecutivos corporativos que no tienen mucho tiempo libre contratan a alguien para hacer mandados, como recoger la ropa de la tintorería.

14)   Reparaciones. Las personas hábiles para arreglar cosas en la casa son difíciles de encontrar. Si eres bueno en esto, deberías considerar ofrecer su servicio. Comience con **Angie's List, Takl**, o un anuncio clasificado en su periódico local.

15)   Limpieza de la casa. Usted puede ganar dinero extra trabajando como limpiador de la casa, ya sea de forma continua, como una vez a la semana, o puede vender sus servicios a personas que se están mudando y pueden no tener tiempo para limpiar sus lugares adecuadamente antes de salir. De nuevo, empieza con **Angie's List y Takl.**

16)   Cuidando la casa. Sí, algunas personas le permitirán vivir en sus casas gratuitamente si se van a ausentar por períodos de tiempo prolongados. Nada de fiestas, por favor.

17) **Servicios de obras en el patio.** Algunas personas no están interesadas, no pueden o no tienen tiempo para hacer su propio trabajo de jardinería. Usted puede llenar el vacío cortando el césped, removiendo la nieve con una pala, limpiando las canaletas, rastrillando las hojas, recortando los arbustos, etc.

18) **Servicios de costura.** ¿Es bueno con una máquina de coser? ¿Puede arreglar la ropa o acortar un par de pantalones? Si es así, usted puede ganar dinero extra cosiendo en casa. Además, tenga en cuenta que algunas personas hacen dinero extra planchando ropa desde sus casas.

19) **Cuidando a los niños.** Una gran manera para que un estudiante de secundaria o universitario responsable gane algo de dinero extra.

20) **Cuidado de mascota.** En la misma línea, muchos dueños de mascotas no saben qué hacer con sus mascotas cuando se van de viaje y no pueden llevarse a sus mascotas con ellos, como lo demuestra la creciente popularidad de los hoteles para mascotas. Si eres un amante de las mascotas, esta es una buena manera de ganar algún ingreso extra. Corre la voz.

21) **Pasear a los perros.** Sí, algunas personas no tienen tiempo para pasear a sus perros. Esto le ofrece la oportunidad de ganar algo de dinero y hacer algo de ejercicio al mismo tiempo.

22) **Enseñe clases de ejercicios.** Si es un aficionado al ejercicio, puede ganar un ingreso extra enseñando clases de ejercicios como spinning, yoga, Zumba, CrossFit, etc. Gana dinero mientras se mantienes en buena forma.

23) **Llame a un amigo/Bienestar.** Una de mis vecinas fundó una empresa en la que hace un control diario del bienestar de las personas mayores. Ella ha reunido una linda lista de clientes y llama a cada persona a la misma hora todos los días. Sus servicios son pagados en su mayoría por las hijas o los hijos de las personas mayores que se preocupan por el bienestar de los padres ancianos.

24) **Artesanías.** ¿Es bueno o podría ser bueno en un oficio en particular? Si usted hace joyas, artículos de cuero, ropa, etc., puede

vender sus artículos en varias plataformas de artesanía. Comience con **Etsy** como el lugar para vender sus artículos.

25) **Reparación de motores pequeños.** ¿Es bueno arreglando motores pequeños? ¿Cortacéspedes, quitanieves, motores de barcos? Si es así, se puede ganar dinero al hacerlo. Lo mismo ocurre con los electrodomésticos simples como lavadoras, secadoras, refrigeradores, etc.

26) **Fotografía.** ¿Es bueno con la cámara? Si es así, usted puede contratarse para eventos especiales como bodas, celebraciones de aniversario, bailes de graduación, fotos de tarjetas de vacaciones familiares, fotos de mascotas familiares, etc.

27) **Clases de Música, Clases de Instrumentos Musicales.** ¿Es un buen cantante? ¿Bueno en el piano, la batería, la guitarra? Gane dinero extra dando clases a personas que intentan ser mejores cantantes o músicos.

28) **Instructor de baile.** ¿Es lo suficientemente bueno bailando como para poder enseñar? ¿Es lo suficientemente bueno para ofrecer lecciones a una pareja que quiere aprender o perfeccionar su baile antes del día de su boda?

29) **Mystery Shopping.** Muchas compañías minoristas nacionales tienen programas de compras misteriosas en los que envían a un comprador misterioso anónimo para ver cómo se trata a sus clientes. Se le puede pagar por visitar restaurantes y comercios minoristas. Comience con **Best Mark** o **Market Force** para ver qué oportunidades de compras misteriosas están disponibles en su área.

30) **Limpieza de Ventanas.** Este es otro trabajo por el que la gente pagará a otras personas. La limpieza de ventanas requiere una cantidad mínima de herramientas.

31) **Reparación de Computadoras y Dispositivos Electrónicos.** ¿Es bueno en esto? Muchas personas están dispuestas a pagar una buena tarifa para que alguien repare su computadora u otros dispositivos electrónicos. Muchas veces, estos son problemas muy simples y el cliente simplemente no es experto en tecnología.

32) **Artista de caricaturas, pintor de caras.** Mi sobrina tiene mucho talento para dibujar caricaturas. Puede dibujar una caricatura en unos 10 minutos y a menudo lleva su caballete y lápiz a varios eventos importantes en la ciudad y se ofrece a hacer bocetos, por un precio, por supuesto. Lo hizo en grandes conciertos y eventos deportivos. También fue a la playa los días en que mucha gente estaba allí y se ofreció a hacer sketches de caricaturas. En la misma línea, aprendió a pintar la cara y luego usó esa habilidad para ganar dinero extra en los partidos de fútbol de la universidad.

33) **Camisetas de diseño.** ¿Tiene un don para crear diseños para cosas como camisetas, calcomanías para parachoques, tazas de café, etc.? Si es así, visite CafePress. Usted puede poner sus diseños a la venta en ese sitio; y entonces, cuando los clientes ordenan una camiseta con uno de sus diseños, usted ganará una porción de las ganancias. CafePress enviará el artículo al cliente y recogerá el dinero. No tendrás que hacer nada más que cargar el diseño.

34) **Clases privadas de cocina.** ¿Es una gran cocinera? Si es así, puedes ganar algo de dinero extra enseñando a otras personas a cocinar. Tal vez algunas personas sólo quieran aprender lo básico de la cocina. Otros podrían querer aprender a hacer postres o a hornear tartas. Otros pueden querer un curso intensivo de cocina italiana o francesa. Puedes ganar dinero extra enseñando a otros en lo que ya eres bueno.

35) **Organizar Casas u Oficinas.** ¿Es bueno organizando cosas? Usted puede ayudar a la gente a deshacerse del desorden en sus casas y oficinas.

36) **Diseño de páginas web.** ¿Es usted un experto en diseño web? Si es así, su conjunto de habilidades le ofrece una gran oportunidad para ganar dinero extra. Y puede hacerlo todo a través de Internet. ¿Busca conseguir algunos trabajos de diseño web? Comience con **Upwork** y **Fiverr.**

37) **Conduce por dinero en efectivo.** ¿Tiene un buen coche? ¿Sabe moverse por la ciudad en la que vive? Puedes ganar dinero llevando a la gente a su destino. Muchos de ustedes han oído hablar

de **Uber** o **Lyft.** Si prefieres no llevar a la gente de un lado a otro, hay un servicio de entrega a petición llamado **Postmate** en el que se te pagará para que entregues comestibles, comidas en restaurantes, pedidos en tiendas de licores, etc.

38) **Videógrafo.** ¿Tiene una cámara de video? ¿Es bueno convirtiendo fotos en videos? Entonces deberías ser capaz de ganar dinero como camarógrafo. Comience con eventos especiales como recepciones de boda, fiestas de cumpleaños, aniversarios, reuniones familiares y de clase, etc.

39) **Servicios de Diseño Gráfico.** La mayoría de las pequeñas empresas no pueden permitirse agencias de publicidad costosas para diseñar sus diversos materiales de marketing. Pero si eres experto en diseño gráfico, tienes la oportunidad de ganar dinero extra como diseñador. Deberías poder encontrar algunos trabajos de diseño en **99 Designs.**

40) **Home Staging.** ¿Puede hacer que su casa luzca atractiva acogedora? Es de conocimiento general que las casas decoradas se venden mucho más rápido y por más dinero que las casas vacías. Si le gusta hacer esto, póngase en contacto con las agencias inmobiliarias locales para ver si están interesadas en este servicio. Tampoco tendrá ningún problema en trabajar para múltiples agencias, ya que las casas ya estarán listadas por una agencia inmobiliaria específica para el momento en que la casa sea puesta en escena.

Capítulo 6--Haga Inversiones Asesinas

En este capítulo, le proporcionaré información para principiantes sobre otras tres fuentes de ingresos pasivos: acciones, CD (certificados de depósito) y bienes raíces. Estoy detallando estas oportunidades de ingresos pasivos en el capítulo final del libro, ya que, en la mayoría de los casos, se trata de oportunidades de "usar el dinero para ganar más dinero". Aunque no se requieren grandes cantidades de dinero para ninguna de estas actividades, usted necesitará al menos tener algo de dinero para comenzar a participar en estas oportunidades de inversión.

Cómo empezar a invertir en acciones

Si nunca ha invertido en acciones, es importante que sepa que invertir en acciones no es tan complicado como parece. Ahora hay muchas herramientas fáciles de usar disponibles para ayudarle a invertir en acciones, ya sea que quiera tomar un enfoque práctico o no práctico. Si está considerando invertir en acciones, una de las cosas más importantes que debe recordar es que invertir en acciones es un juego a largo plazo. No se supone que sea un plan para hacerse rico rápidamente. En otras palabras, no debe invertir dinero en acciones que pueda necesitar a corto plazo. Esto incluye cualquier fondo de emergencia que usted pudiera haber escondido. La razón de esto es que muchas inversiones en acciones fluctuarán y, si usted necesita salir de estas inversiones porque necesita dinero en efectivo para otras cosas, usted estará sujeto a dondequiera que esté el mercado en ese momento. Y, si el mercado o sus acciones están a la baja, usted puede incluso perder dinero en su inversión original. Se ha comprobado que la mayoría de las inversiones en acciones continuarán aumentando de valor con el tiempo, pero el mercado fluctuará y usted querrá asegurarse de que no se encuentra en una posición en la que tenga que retirar sus fondos cuando el mercado y sus inversiones estén en valor bajo. Como regla general, usted debe sentirse cómodo al separarse de su dinero por lo menos durante cinco años. ¿Por qué cinco años? Esto se debe a que la historia muestra que incluso si el mercado sufre una recesión, es muy poco probable que una recesión dure más de cinco años.

Si aún no ha invertido en el mercado de valores y se pregunta si puede invertir, aunque no tenga mucho dinero, la respuesta es sí, aunque hay algunos desafíos. Estos desafíos pueden ser superados, pero usted necesita estar al tanto de ellos antes de comenzar a invertir. El primer reto para superar es que muchas inversiones en acciones requieren un mínimo. El segundo reto tiene que ver con la diversificación. Con las estrategias de inversión en acciones, es práctica común diversificar sus inversiones para que no tenga "todos sus huevos en una sola canasta". Si usted tiene fondos limitados, va a ser difícil repartir sus fondos limitados.

La solución a ambos desafíos es invertir en fondos de índices bursátiles y ETFs (fondos cotizados en bolsa). Para aquellos que no están familiarizados con los fondos cotizados en bolsa, deben saber que los ETFs son fondos de inversión que se negocian en la bolsa de valores, de forma muy parecida a las acciones. Los ETFs tienen activos tales como acciones, materias primas o bonos. Mientras que los fondos mutuos pueden requerir una inversión mínima de $1000 o más, los fondos de índices bursátiles mínimos tienden a ser más bajos y los ETFs tienden a ser aún más bajos que los fondos de índices. De hecho, algunos corredores ofrecen fondos indexados sin ningún mínimo. (Fidelity y Charles Schwab son dos de los corredores que ofrecen fondos indexados sin mínimos.) Por lo tanto, los fondos indexados no sólo están disponibles sin mínimos, sino que también tienen una solución incorporada al problema de la diversificación, ya que los fondos indexados consisten en muchas acciones diferentes dentro de un mismo fondo.

Si está interesado en recibir un flujo de ingresos pasivo para sus inversiones en acciones sin tener que vender las acciones en las que ha invertido, podría considerar acciones de dividendos, acciones que pagan dividendos. Las compañías bien establecidas como Target, Pepsico, Exxon o Disney son más propensas a pagar dividendos que algunas de las compañías más nuevas y menos establecidas. Las empresas más establecidas ya no necesitan invertir todos sus beneficios en el crecimiento de la empresa y pueden permitirse el lujo de pagar los beneficios a sus inversores. Por otro lado, las empresas más nuevas, especialmente las empresas de tecnología o biotecnología son mucho menos propensas a pagar dividendos, ya que quieren utilizar la mayor parte de sus beneficios como sea posible para expandir la empresa.

Hay dos tipos principales de dividendos: dividendos en efectivo y dividendos en acciones. Estos dividendos a menudo se pagan trimestralmente, aunque algunos se pagan mensual o semestralmente. Los dividendos ofrecen a las empresas una forma de distribuir los ingresos de vuelta a los inversores y una de las formas en que los inversores obtienen un rendimiento de la inversión en acciones. Los dividendos en efectivo se pagan por cada acción que usted posea. Por ejemplo, si usted posee 20 acciones de una compañía y esa compañía paga $2 en dividendos anuales, usted recibirá $40 por año por sus acciones. Algunas compañías pagan dividendos en acciones en lugar de dividendos en efectivo, así que, en lugar de obtener dinero de su inversión, usted recibirá acciones adicionales de la compañía. Entonces usted podrá vender esas acciones si desea obtener dinero en efectivo o podrá mantenerlas invertidas en la compañía. Algunas compañías ofrecen programas de reinversión de dividendos, llamados DRIPs, en los que se permite a los inversionistas reinvertir sus dividendos en las acciones de la compañía, a menudo a una tasa de descuento. Por lo tanto, si está interesado en recibir un flujo de ingresos pasivo de sus inversiones en acciones, querrá elegir específicamente acciones de dividendos para su cartera.

Ahora que le he dado información básica sobre las acciones, debería estar listo para comenzar a invertir. Estos son algunos pasos sencillos para comenzar:

Determine si va a ser un inversionista activo o pasivo. Si desea participar activamente en la elección de las acciones en las que invierte, necesitará un corredor de bolsa. Voy a recomendar tres corredores diferentes que son muy adecuados para los inversores principiantes:

1) **Merrill Edge.** Una buena opción para los inversores principiantes, ya que no se requiere un depósito mínimo. Cargos de $6.95 por operación.

2) **TD Ameritrade.** Otra buena opción para principiantes. Al igual que Merrill Edge, no se requiere un depósito mínimo y se cobra un cargo de $6.95 por operación. Actualmente se está llevando a cabo una promoción en la que se eximen los cargos comerciales durante 60 días, pero con un depósito calificativo. Con cualquier corredor que esté considerando, por favor revise sus sitios para ver qué promociones están ofreciendo. Estas ofertas promocionales siempre están sujetas a cambios, por lo que lo que se ofrece un mes podría no estar disponible el siguiente mes.

3) **E-Trade** requiere un saldo mínimo de $500, pero también tienen una promoción que ofrece un crédito en efectivo, hasta $600, para un depósito en cuenta que califique. $6.95 de cargo por operación.

Si usted no quiere estar muy involucrado en la selección de las acciones en las que invierte, debería considerar el uso de una cuenta de robo-asesor en lugar de un corredor de bolsa. La mayoría de los principales corredores ofrecen robo-asesores, ya que son extremadamente rentables para el inversor ocasional. Al utilizar un robo-asesor, usted puede obtener todos los beneficios de la inversión en acciones sin tener que hacer toda la investigación que tendría que hacer si seleccionara las acciones en las que desea invertir. Los servicios de Robo-Asesor cubren la gestión completa de la inversión. Cuando se registre para un robo-asesor, se le harán una serie de preguntas sobre sus objetivos de inversión. A partir de esa información, el robo-asesor creará un portafolio que se ajuste a sus metas y objetivos. Aquí hay tres diferentes robo-asesores que son muy adecuados para los inversores principiantes:

1) **Wealthfront.** Cuenta mínima de $500 con una comisión de administración de 0.25%. Tenga en cuenta que la comisión de gestión del 0,25% es sustancialmente inferior a la que pagaría a un gestor de inversiones.

2) **Betterment.** Sin mínimo de cuenta con una comisión de gestión del 0,25% que puede ser gratuita hasta por un año con un depósito elegible.

3) **SoFi.** Cuenta mínima de $100 con 0% de comisiones de administración.

Una nota más antes de pasar de las acciones a los CDs: Una de las mejores opciones de inversión en acciones para principiantes son los fondos mutuos. Los fondos mutuos ofrecen una manera fácil y de bajo costo para que usted se empape en el mercado de valores. Un fondo S&P 500 es un buen punto de partida. Para aquellos de ustedes que han escuchado el término S&P fund, pero no saben lo que significa, un fondo S&P es un fondo que consiste en acciones de las 500 compañías más grandes de los Estados Unidos. Si usted invierte en un fondo S&P, estará comprando una pequeña porción de 500 de las compañías más exitosas del país. Como estas compañías ya son entidades probadas, usted estará invirtiendo en un grupo de compañías que probablemente continuará prosperando.

De la misma manera, si está utilizando un robo-asesor, el asesor podrá crear una cartera de acciones de empresas exitosas con las que podrá poseer una parte de cada uno de estos clientes y diversificar su cartera. Se trata de inversiones en acciones de bajo riesgo, ya que las compañías en las que se invertirá serán entidades de una eficacia ya probada.

Todo acerca de CD Laddering

Antes de hablar sobre el CD Laddering, definiré lo que es un CD. Un CD es un certificado de depósito. Es un depósito a plazo fijo que comúnmente venden los bancos, las cooperativas de crédito o las instituciones de ahorro. Los certificados de depósito ofrecen una alternativa de muy bajo riesgo para las personas que buscan obtener tasas de interés más altas que las escasas tasas de interés que obtienen en sus cuentas de ahorro. La desventaja es que con una cuenta de ahorros usted generalmente puede retirar su dinero en cualquier momento sin tener que pagar una multa por retiro. Con un CD, usted no podrá tener acceso a su dinero por la duración del depósito, ya sea un depósito de un año o un depósito de cinco años.

El escalado de CD o CD Laddering es un proceso muy sencillo. El escalado de CDs implica la compra de múltiples CDs al mismo tiempo, con cada CD madurando en diferentes momentos, por ejemplo, 1 año, 3 años, 5 años. En lugar de colocar todo el dinero de su CD en el mismo intervalo de tiempo, usted elegirá diferentes intervalos. El escalado de CD ofrece una flexibilidad total. Usted puede comprar diferentes cantidades para diferentes intervalos; incluso puede elegir diferentes bancos para sus diferentes CDs, dependiendo de las tasas de interés ofrecidas por esos diferentes bancos. Por ejemplo, si tiene $10,000 para invertir en certificados de depósito, podría invertir $3,000 en un CD a 1 año, $3,000 en un CD a 2 años, $2,000 en un CD a 3 años y $2,000 en un CD a 5 años. Tal vez utilice un banco para los certificados de depósito a un año y a dos años y otro banco para los certificados de depósito a tres y cinco años porque ofrecen una tasa de interés más alta que la que ofrece el primer banco en esos intervalos.

Los CD ya garantizan una tasa de retorno. Al escalonar, usted puede obtener tasas de interés aún más altas y siempre estará cerca de tener dinero disponible para cualquier emergencia inesperada.

Permítame darle otro ejemplo para mostrarle cómo puede ganar intereses adicionales al escalonar su CDS. De nuevo, digamos que tiene $10,000 para invertir en CDs. Si invierte todos los $10,000 en certificados de depósito a un año y continúa vendiendo esos certificados a medida que vencen, con un rendimiento porcentual anual del 2.8%, habrá aumentado sus $10,000 a $11,502.68 en un período de 10 años. Por otro lado, si usted toma los mismos $10,000 e invierte $2,000 cada uno en certificados de depósito a 1, 2, 3, 4 y 5 años, obtendrá las tasas de interés más altas a medida que aumente la duración del plazo. Si está obteniendo el 2.8% de interés en un año, 2.95% en un año, 3% en un período de 3 años, 3.05% en un período de 4 años y 3.15% en un período de 5 años, los $10,000 originales habrán aumentado a $11,668.36 después de 10 años.

Cuatro maneras simples de obtener ingresos por inversiones inmobiliarias

Invertir en bienes raíces ofrece oportunidades lucrativas para que usted obtenga ingresos pasivos adicionales. Una de las cosas emocionantes de invertir en propiedades inmobiliarias es que, a diferencia de las acciones y los bonos, usted puede pagar sólo una parte de su inversión inmobiliaria antes de que pueda empezar a ganar dinero con ella. Normalmente, usted pagará entre el 20 y el 25% como pago inicial por los bienes raíces que compre. En algunos casos, usted puede pagar hasta un 5%. Independientemente de cuál sea su porcentaje, desde el momento en que firme los papeles de su hipoteca, podrá comenzar a ganar dinero con esa inversión.

Veamos cuatro maneras sencillas de ganar dinero con sus inversiones en bienes raíces:

1) **Conviértase en propietario.** Si usted compra una casa o una pequeña propiedad comercial, podrá ganar dinero alquilando esa propiedad. Lo bueno de esto es obvio. Usted podrá usar los pagos de su inquilino para pagar su hipoteca. En muchos casos, usted estará cobrando a sus inquilinos una renta mensual que es más que los pagos mensuales de su hipoteca. Por lo tanto, no sólo puede ganar dinero con los pagos mensuales de un inquilino, sino que también puede utilizarlos para hacer los pagos de la hipoteca y aumentar el valor líquido de la propiedad, ya que es probable que la propiedad se esté apreciando.

Para ser justos, hay algunos posibles aspectos negativos de ser propietario. A menos que usted le pague a una compañía para que administre su propiedad, usted estará atascado con el manejo de cualquier problema en esa propiedad. Si el calentador de agua se apaga, usted será responsable de reemplazarlo lo antes posible. Si la lavadora deja de funcionar, usted tiene que repararla o reemplazarla... en la mayoría de los casos, a su cargo. Si usted alquila a malos inquilinos, es posible que ellos puedan dañar o destruir su propiedad. Si ellos no pagan su renta mensual, usted todavía tendrá que hacer el pago de su hipoteca e incluso podría tener que pagar para desalojar a esos inquilinos. Si usted no puede alquilar su propiedad y está vacía, todavía tendrá que hacer el pago de la hipoteca.

Dicho esto, si alguna vez llega a un punto en el que su hipoteca está pagada, el alquiler que cobra se convertirá en casi todo beneficio. Al mismo tiempo, como usted es dueño de la propiedad por un período de tiempo, esa propiedad probablemente va a apreciar y usted tendrá un activo mucho más valioso que el que tenía al principio.

2) **Los grupos de inversión inmobiliaria** son una gran opción para las personas que quieren tener bienes raíces, pero no quieren las molestias de ser propietario o administrar una propiedad. En un grupo típico de bienes raíces, una compañía compra o construye un conjunto de edificios de apartamentos o un complejo de condominios. Luego permiten que la gente compre las unidades dentro de esos edificios o complejos. Una persona que compra una unidad pasa a formar parte del grupo de inversión inmobiliaria. Un solo inversionista puede poseer una o varias unidades en los edificios o complejos, pero la compañía que opera el grupo de inversión continuará administrando todas las unidades, manejando todo el mantenimiento, anunciando vacantes y asegurando inquilinos, a cambio de un cierto porcentaje de la renta mensual. Si usted está en un grupo de bienes raíces y su unidad en particular tiene una vacante, aun así, recibirá un pago mensual, ya que cualquier vacante será cubierta por todo el grupo de inversión. Mientras no haya muchas vacantes en el edificio o complejo, usted debería poder obtener ingresos mensuales de la(s) unidad(es) que posee.

3) Comercio de bienes raíces (flipping). Este es el lado salvaje de la inversión inmobiliaria. El comercio de bienes raíces es muy arriesgado, pero también puede ser extremadamente lucrativo. Voltear o hacer flipping no es para los "débiles de corazón". Si usted va a tener éxito en el flipping, lo más probable es que tenga que ser bueno en la evaluación de bienes raíces y luego en la comercialización de ese bien inmueble. Hay de dos tipos. El flipper puro está interesado en comprar propiedades que requieren muy poca o ninguna alteración. Ellos simplemente querrán revender la propiedad por más de lo que pagaron por ella. El otro tipo de flipper compra propiedades a precios razonables con la idea de renovarlas o mejorarlas hasta el punto de que puedan ser revendidas con beneficios. Este es a menudo un proceso más largo que el primero, pero las ganancias pueden ser sustanciales. Si usted va a hacer este tipo de cambio, usted va a tener que estar dispuesto a asegurar contratistas que puedan renovar la propiedad y usted va a tener que estar dispuesto a supervisar este trabajo. Algunas personas se meten en líos sin tener una idea de a quién contratar o cuánto va a costar hacer las mejoras que quieren hacer para darle más valor a la propiedad. Si usted ha sido enganchado en los programas de televisión que giran en torno a flippear casas o si usted ha estado leyendo algunas de las historias de éxito tremendo con respecto al tema usted debe saber que también hay muchas historias por ahí acerca de los novatos que esperaban hacer su fortuna, pero no pudieron hacerlo y tuvieron una experiencia desastrosa.

4) Los fondos de inversión inmobiliarios (REIT) son básicamente una versión más formalizada de los grupos de inversión inmobiliaria. Un REIT se crea cuando una corporación (o fideicomiso) utiliza el dinero del inversionista para comprar y operar propiedades con ingresos. A diferencia de los grupos de inversión inmobiliaria antes mencionados, los REITS incluyen propiedades no residenciales o empresas inmobiliarias, como centros comerciales y complejos de oficinas. Los REITs se compran y se venden en las principales bolsas, al igual que las acciones. Con los REITs, una corporación debe pagar el 90% de sus ganancias excedentes a los inversionistas en forma de dividendos para mantener su estatus de REIT. De este modo, los REIT no tienen que pagar impuestos sobre la renta de las empresas, mientras que una empresa normal estaría sujeta a impuestos sobre sus beneficios y tendría que decidir si emitir o no dividendos a los inversores a partir de sus beneficios después de impuestos. Los REITs se consideran una inversión sólida para los inversores que desean obtener ingresos regulares.

Conclusión

¿Hay un mejor momento que ahora para empezar a ganar más dinero? Con todas las fuentes de ingresos pasivos que le he proporcionado en este libro, ya no puede decir que no tiene ninguna idea de cómo puede ganar dinero extra. Nadie pretenderá nunca que todas estas ideas se adapten a usted, sin embargo, definitivamente hay algunas ideas que usted puede perseguir. Ahora la pregunta es, ¿va a pasar su tiempo quejándose de que no tiene ninguna fuente de ingresos extra o va a hacer algo al respecto? Le he dado las herramientas para tener éxito. Lo que hagas con esas herramientas depende de ti. Cuando era niño y compro un juguete nuevo para su cumpleaños, ¿espero a usar ese juguete nuevo? Supongo que empezó a jugar con ese nuevo juguete inmediatamente. Lo mismo ocurre con las ideas de este libro. Seguramente, usted encontró por lo menos algunas buenas ideas entre todas las opciones que presenté. Disculpe la analogía, pero ahora que ha leído este libro, el autobús acaba de dejarle en el camino del éxito. ¿Va a tomar esa carretera o va a volver al autobús?

Ya sea que use su dinero para ganar más dinero o que simplemente use sus habilidades para ganar dinero, es hora de empezar ahora. Dudo que usted hubiera leído este libro si no estuviera interesado en ganar más dinero. Sí, la mayoría de las ideas presentadas requerirán algún tiempo o esfuerzo de su parte. Sin embargo, si usted está dispuesto a poner en el esfuerzo inicial, muchas de las ideas presentadas le permitirán ganar dinero extra, algo de ello mientras duerme. Revisar el saldo de su cuenta bancaria puede convertirse en algo que espera con ansias en lugar de algo que preferiría no hacer en absoluto.

Ya sea que se embarque en micro-inversiones, blogs, préstamos entre pares o simplemente paseando perros, no hay mejor momento que ahora para que empiece a ganar más dinero.

Inversión en libertad financiera

Últimas fuentes de ingresos confiables y rentables cómo nunca estar en bancarrota y crear ingresos pasivos: acciones, bonos y transacciones diarias

Tabla de Contenidos

INTRODUCCIÓN 104

CAPÍTULO 1: LOS COMPONENTES BÁSICOS DE LA LIBERTAD FINANCIERA 107

    CAMBIOS IMPORTANTES EN LA MENTALIDAD PARA EMPEZAR A ACUMULAR RIQUEZA 107
    PASOS ESENCIALES PARA LOGRAR LA LIBERTAD FINANCIERA 109
    CÓMO ESTABLECER SUS OBJETIVOS FINANCIEROS 112
    CÓMO ESTABLECER SUS METAS A CORTO Y LARGO PLAZO 115
    10 MANERAS DE SALIR DE UNA DEUDA LO ANTES POSIBLE 116

CAPÍTULO 2: CÓMO PRESUPUESTAR DE MANERA CORRECTA 121

    CÓMO ENCONTRAR UN PRESUPUESTO QUE FUNCIONE PARA USTED 121
    6 MÉTODOS DE PRESUPUESTACIÓN QUE DEBEN CONOCERSE PARA NO PERDER NUNCA MÁS LA NOCIÓN DEL DINERO 123
    ¿QUÉ PRESUPUESTO ES EL ADECUADO PARA USTED? 127
    7 MANERAS DE HACER QUE EL PRESUPUESTO SEA MÁS LLEVADERO 128
    7 PASOS IMPORTANTES PARA CONSTRUIR UN BUEN CRÉDITO 131

CAPÍTULO 3: INVERTIR 101 136

    TIPOS DE INVERSIONES PARA AGREGAR A SU CARTERA 136
    CONSEJOS PARA ELEGIR LAS ACCIONES ADECUADAS PARA USTED 144
    ¿QUÉ ES UN PLAN DE INVERSIÓN? 147
    LAS 5 MEJORES ESTRATEGIAS BURSÁTILES DE TODOS LOS TIEMPOS 149

CAPÍTULO 4: ACCIONES DE DIVIDENDOS 153

    CUANDO UNA COMPAÑÍA PAGA DIVIDENDOS 153
    DIFERENTES TIPOS DE DIVIDENDOS 154

ELEGIR ACCIONES QUE PAGUEN ALTOS DIVIDENDOS 157
CÓMO ENCONTRAR LAS MEJORES ACCIONES DE DIVIDENDOS PARA SU CARTERA 159
NO COMETA ESTOS 10 ERRORES DE INVERSIÓN DE DIVIDENDOS 160
LO QUE NECESITA SABER SOBRE LAS TASAS DE IMPUESTOS SOBRE DIVIDENDOS 164
DIVIDENDOS ORDINARIOS VS. DIVIDENDOS CALIFICADOS 164

CAPÍTULO 5: COMERCIO DIARIO 166

¿QUÉ ES EL COMERCIO DIARIO? 166
CÓMO EMPEZAR A OPERAR EN EL DÍA 168
ESTRATEGIAS DEL COMERCIO DIARIO 171

CAPÍTULO 6: INVERSIÓN INMOBILIARIA 177

AUMENTAR EL VALOR DE SU PROPIEDAD 177
HACER DINERO DE LA PROPIEDAD DE ALQUILER 178
CÓMO SELECCIONAR UN MERCADO OBJETIVO 185
10 CARACTERÍSTICAS IMPORTANTES DE LOS BIENES RAÍCES RENTABLES 190
LAS 15 MEJORES ESTRATEGIAS DE INVERSIÓN INMOBILIARIA 193

CAPÍTULO 7: OTRAS MANERAS DE AUMENTAR LA RIQUEZA 196

CÓMO COMENZAR A INVERTIR EN FONDOS COTIZADOS EN BOLSA (ETF) 196
COMIENCE A GANAR DINERO AHORA CON LOS PRÉSTAMOS DE IGUAL A IGUAL 200
LAS 10 MEJORES ESTRATEGIAS PARA OPERAR CON CRIPTOMONEDAS 202
7 APLICACIONES IMPRESCINDIBLES PARA LOS INVERSIONISTAS DE HOY EN DÍA 205

CONCLUSIÓN 209

Introducción

Todos nosotros buscamos la libertad financiera por diferentes razones. Puede ser que usted desee esta libertad para que pueda asegurar suficiente dinero para vivir cómodamente en sus años de retiro. Otros pueden estar buscando comprar una nueva casa, y aún otros pueden estar planeando una reserva de ahorros para sus últimos años.

Planificar cómo se mantendrá en su jubilación puede ser estresante, y la mayoría de las personas tienen preocupaciones de dinero que se ciernen sobre sus cabezas. ¿Cuántas veces ha dado la noticia y se ha enterado de que una persona adinerada acaba de declararse en bancarrota? Usted se estará preguntando, *si él no puede manejarlo con todo su dinero, ¿qué posibilidades tengo?*

Es una preocupación legítima. Una mirada retrospectiva a nuestra historia reciente nos dice que los tiempos han cambiado. Ya no podemos confiar en la seguridad laboral para que nos acompañe a lo largo de nuestras vidas. Los trabajos en los que usted podría permanecer por 30 años o más y jubilarse en un plan de pensiones apuesto son ahora pocos y lejanos. Si queremos libertad financiera en este mundo moderno, tenemos que aprender a pensar de manera diferente.

El reto al que todos nos enfrentamos es cómo conseguir esa seguridad financiera sin depender de los métodos tradicionales que las generaciones pasadas dieron por sentados. Esos días han terminado, y todos necesitamos planificar nuestro futuro financiero de manera más creativa.

En tales situaciones, puede ser difícil saber por dónde empezar. Tal vez esté pensando en invertir, pero no sabe lo suficiente como para tomar decisiones acertadas. Tienes miedo de perder el dinero que tanto te ha costado ganar en una apuesta de alto riesgo. O tal vez estás cansado de vivir de cheque en cheque y ves que necesitas pensar diferente.

O estás envejeciendo y tu cuerpo no quiere trabajar tan duro como antes. Ya sea que se esté levantando en años y planificando su jubilación o que esté comenzando y esté ahorrando para una gran compra o inversión, tiene sentido que empiece aquí con nosotros.

Hay muchas maneras en las que podemos hacer frente a este desafío. Todos hemos aprendido lo difícil que es simplemente poner su dinero en una cuenta de ahorros y esperar a que crezca. Las tasas de interés que ofrecen son tan bajas que usted probablemente siente que le está pagando al banco para que retenga su dinero en lugar de hacer algo con él.

Si usted ha pensado en alguna de estas cosas antes, entonces ha venido al lugar correcto. Se unirán a muchos otros de mentes similares que tienen las mismas preguntas. En las siguientes páginas, le mostraremos cómo puede alcanzar un nivel de riqueza financiera que lo pondrá en una posición segura, donde no tendrá que preocuparse por sus finanzas. Aquí, usted encontrará:

- Una guía de inversión para principiantes y varias opciones de inversión
- Ideas sobre cómo ganar más dinero sin necesidad de mucho trabajo extra
- Consejos para establecer objetivos a corto y largo plazo y por qué son importantes
- Información esencial que puede aplicarse a una amplia variedad de necesidades financieras.

Existen muchas alternativas para aumentar su dinero y establecer un futuro seguro para usted. Las respuestas están ahí para cualquiera que tenga los medios para buscarlas. No son nuevos, mágicos, ni siquiera místicos. Este libro está diseñado específicamente para enseñarle algunas de esas alternativas y cómo utilizarlas puede hacer una gran diferencia para ayudarle a lograr su libertad financiera.

Inversión En Libertad Financiera

Nos han enseñado que la manera más rápida de llegar a cualquier destino es en línea recta. Sin embargo, a diferencia del ahorro, no siempre es así. Invertir requiere que usted tome unas cuantas vueltas aquí o allá y es muy probable que se encuentre con algunos baches en el camino. Pero, si usted mantiene el rumbo, sus decisiones de inversión podrían ayudarle fácilmente a lograr la libertad financiera mucho antes de lo que usted piensa.

Una vez que aplique los principios de este libro, las recompensas por su arduo trabajo definitivamente valdrán la pena. Usted tendrá:

- Libertad de preocupaciones monetarias
- Libertad de deudas
- Libertad para hacer lo que quieras
- Libertad de la ansiedad dolorosa
- Una mejor relación con el dinero
- Libertad para vivir una vida basada en sus valores
- Más confianza en su capacidad para administrar el dinero
- Menos estrés, lo que significa mejor salud
- Libertad para hacerse rico en sus propios términos

Si está listo para cambiar su vida para mejor, dejar de existir simplemente en este mundo en lugar de vivir verdaderamente, entonces es hora de que dé el siguiente paso. Cuanto antes comience, más pronto se verá recorriendo ese camino hacia la libertad financiera. Es mi responsabilidad guiarlo paso a paso hacia el estilo de vida de los sueños que desea.

Entonces, si está listo para cambiar su vida y pasar a algo que es aún mejor, entonces es hora de descargar este libro hoy. Depende totalmente de usted recuperar el control de su vida y ganar esta competencia feroz. ¿Entonces, Qué esperas? Ahora es el momento de cambiar su vida para mejorar, permitiéndonos ayudarlo a obtener libertad financiera

Capítulo 1: Los componentes básicos de la libertad financiera

La mayoría de los objetivos deben tener una fecha de finalización específica, pero las cosas no son tan simples cuando se trata de dinero. Por un lado, su objetivo final de libertad financiera necesita ser dividida en muchos objetivos más pequeñas. No solo eso, usted tendrá que vivir la vida de una manera muy específica para mantener esas circunstancias después de haberla adquirido.

¿Abrumado? No lo esté, ya que todo comienza simplemente por tener una mentalidad específica.

Cambios Importantes En La Mentalidad Para Empezar A Acumular Riqueza

No hay nada único en las finanzas. Si bien puede ser difícil de alcanzar para algunas personas, en realidad es solo cuestión de dominar los fundamentos. Ya sea que usted sea Jeff Bezos o la señora de la limpieza, las reglas del juego son exactamente las mismas: dominar los fundamentos y aplicarlos consistentemente.

No se trata solo de ahorrar para un auto nuevo o para unas vacaciones fabulosas algún día. Sí, el ahorro es muy importante en el gran esquema de las cosas, pero ahorrar solo por ahorrar no siempre es la mejor opción. Su primera meta es aprovechar al máximo su dinero, no solo para hoy o para los próximos años, sino para el resto de su vida. Esto requiere un enorme cambio de perspectiva. Usted está en esto a largo plazo y eso significa que lo que necesita para hoy puede no ser lo que se necesita en 10 años o 20 o 50.

¿Alguna vez ha oído hablar de personas que parecen haberse enriquecido de la noche a la mañana? Las posibilidades son ciertas. Puede que incluso hayas conocido personalmente a algunos de ellos. Algunos de ellos pueden haber sido colocados en puestos de trabajo bien remunerados, en los que podrían ahorrar mucho dinero cuando quisieran, pero otros pueden haber empezado con poco o nada. Pueden haber sido el recolector de basura local, el ama de llaves o una camarera en un restaurante cercano.

Aparte de aquellos que han adquirido su riqueza al ganar la lotería, otros han logrado alcanzar su dinero aparentemente sin esfuerzo. Sin embargo, si se mira de cerca, su éxito imaginado de la noche a la mañana llegó después de años de planificación cuidadosa. No hay nada más importante para su éxito que cambiar su mentalidad. Tendrá que pasar de las ideas comunes que son la norma en la sociedad actual a algo que le garantice que obtendrá mejores resultados.

Pasos esenciales para lograr la libertad financiera

1. Haga un plan detallado

Uno de los primeros pasos que debe hacer es crear un plan. Su éxito no debe ser algo que se obtiene por accidente o por sorpresa. Cada paso de su camino debe ser hecho y logrado por el diseño. En lugar de permitir que las cosas sucedan, comience a pensar en todo lo que hace y en las posibles consecuencias que puedan ocurrir.

Imagine diseñar la casa de sus sueños. Probablemente has pensado en ello durante años. Usted conoce cada detalle, hasta la forma y el diseño de cada pomo y accesorio. Si realmente es la casa de sus sueños, ya ha pensado en lo que se necesita para repararla cuando las cosas van mal, qué colores para pintarla y con qué frecuencia. Usted sabe qué habitaciones darles a sus hijos y todas las características que tendrá en su cocina.

Usted debe tener el mismo cuidado extra al planear su futuro financiero. No estás pensando solo en el presente, sino en el futuro. ¿Cuántos años le tomará alcanzar su meta y el tipo de esfuerzo que necesitará para mantenerla? Con un plan detallado, sabrá qué hacer hoy, mañana, el mes que viene, el año que viene y cada año después. Seguirá haciendo esto hasta que llegue el momento en que su dinero comience a trabajar para usted.

2. Salga de la mentalidad de "cheque a cheque".

Hemos sido programados desde la infancia para pensar en términos de supervivencia. Quizás sea la naturaleza humana, pero muchos de nosotros que luchamos por sobrevivir tendemos a concentrarnos en lo negativo. A pesar de que los acontecimientos pueden no haber venido automáticamente a la mente, es fácil caer en el cielo es caer acercándose a todo. El problema con esta línea de pensamiento es que nos limita. Cuando está preocupado, su mente se concentra en conservar cada centavo que tiene, las oportunidades de inversión pueden pasarlo fácilmente porque solo está pensando en el momento.

Las personas ricas no piensan de esta manera. Debido a que tienen un plan, sus mentes se centran en el siguiente paso, que automáticamente los llevará a la prosperidad. Sus mentes son libres de explorar otras posibilidades, y ven oportunidades a su alrededor. Examinan cada uno y procesan cada aspecto hasta que alcanzan un avance en el que pueden ver cómo usarlo para cultivar lo que tienen en lugar de aferrarse a todo lo que han ganado.

3. No siempre juegues a lo seguro

En concordancia con la línea de pensamiento de supervivencia está la necesidad de buscar seguridad. Sí, el dinero puede brindarle un nivel de seguridad. Sabes que, si tienes suficiente dinero, tienes un techo sobre tu cabeza, comida en tu estómago y ropa en tu espalda. Sin embargo, si su mente nunca mira más allá de su red de seguridad, puede perder muchas oportunidades rentables. Nadie logró nunca la independencia financiera mientras estaba sentado en la valla. Ir a lo seguro lo separa de muchos caminos que puede llevar a la riqueza.

Esto no significa que usted debe lanzar la precaución al viento. Usted todavía necesita pensar las cosas y analizar cada oportunidad para asegurarse de que es un riesgo que valdrá la pena al final. Ser un tomador de riesgos no significa ser imprudente. Significa que vas a tener que salir con fe y creer en tus decisiones aun cuando no sepas el resultado.

El valor se ha definido como la voluntad de actuar cuando no se puede controlar el resultado. Tómese el tiempo para leer algunas historias de fondo de personas exitosas que usted admira, y encontrará el mismo patrón. Reconocieron una oportunidad y tomaron medidas, a menudo antes de que alguien más viera el potencial. Para cuando otros se unieron, ya estaban en camino de acumular grandes riquezas.

4. Deje de pensar en gastar y empiece a pensar en ahorrar

Esta es una mentalidad bastante arraigada. Si sus padres le enseñaron bien, entonces lo más probable es que no gaste cada centavo de tu mesada cuando era niño. Es posible que haya tenido que ahorrar para esa nueva bicicleta o juego de computadora. Lamentablemente, muchos jóvenes crecen gastando hasta el último centavo que tienen en las cosas que quieren. En la mayoría de los casos, las cosas que quieren no duran mucho tiempo. Así que, cuando esas cosas se han ido, también lo está su dinero.

El hogar estadounidense promedio gasta el 110% de sus ingresos. Cuando gastan de más, por lo general se encuentran muy endeudados con tarjetas de crédito y préstamos de amigos y familiares. Si usted tiene una actitud derrochadora, sus intentos de adquirir riqueza inevitablemente cavarán un agujero para usted mismo del que será casi imposible salir.

Se han realizado numerosos estudios que demuestran que necesita ahorrar entre el 20 y el 30% de sus ingresos para llegar al punto en el que su dinero realmente funcione para usted. Tomar el 20% de sus ingresos y dejarlo de lado y luego vivir del resto no es tan difícil. Una vez que realice este ajuste, es probable que ni siquiera note la diferencia.

5.   Deje de esperar y empieza a hacer

La esperanza es un poderoso motivador, pero siempre llega un momento en que necesitas tomar acción. Necesitas dejar de pensar en lo que quieres hacer y volverte proactivo. Incluso el paso más pequeño en la dirección correcta puede ser gratificante.

La mayoría de las personas no se dan cuenta de que están paralizadas por la esperanza. Pasan el tiempo hablando y compartiendo sus ideas, pero rara vez llegan más allá de ese punto. En lugar de gastar su energía compartiendo sus planes con otros, comience a reunir lo que necesita para ejecutar su plan.

Al igual que todo lo demás en la vida, nada de lo que decimos o hacemos sucede sin que primero sea un pensamiento. Si ha desarrollado malos hábitos financieros en el pasado, comenzaron con su pensamiento. Por lo tanto, para ganar libertad financiera, es necesario que usted cambie su forma de pensar sobre el dinero. Al cambiar sus pensamientos, puede lograr grandes cosas en un tiempo increíblemente corto. Comenzará lentamente al principio, pero gradualmente sus planes cobrarán impulso y, a medida que pase el tiempo, verá pequeños éxitos en su camino, comenzará a sentirse más seguro y verá su libertad más allá de esa luz. Al final del túnel.

Cómo establecer sus objetivos financieros

La mayoría de la gente no entiende completamente el dinero o cómo funciona. Piensan que tener dinero en efectivo a mano es seguridad y no pueden comprender que ahorrar puede no ser la mejor opción para ellos. Cualquier cosa que usted haga para aumentar su seguridad financiera debe tener un objetivo. Si usted está ahorrando dinero, necesita tener un objetivo para eso. El dinero no es el fin de todo lo que haces. Es el medio para un fin. Si el dinero nunca se usa para ningún propósito, terminas desperdiciándolo en cosas frívolas o acumulándolo. Al final, usted puede dejar esta tierra y todo su dinero atrás para que alguien más lo use.

Examine detenidamente sus objetivos e intente determinar hacia dónde debe ir su dinero. En realidad, sentarse y poner la pluma en el papel puede dar un poco de miedo, pero lo enfrenta cara a cara con sus realidades financieras.

Cuando usted está exponiendo lo que planea hacer con su dinero y estableciendo sus metas, puede ser un poco catártico. Pero antes de hacer algo, asegúrese de que sus botas estén firmemente plantadas en el suelo. Sin objetivos claramente definidos, usted puede terminar saltando del barco y desperdiciando la primera oportunidad que tenga. Podría ser muy fácil terminar viendo esa riqueza mientras se escapa, enterrada bajo una montaña de deudas. Por lo tanto, al establecer sus metas, comience con un plan realista pero flexible. Lo que quieras hoy puede que no sea lo que quieras más tarde en la vida, asegúrate de tener un poco de espacio para trabajar.

- **Determine cuánto dinero tiene para comenzar.** No importa si sus objetivos son a corto o largo plazo, usted necesita saber su punto de partida. Sea realista sobre cuánto tiene que trabajar. Si no lo hace, es muy probable que llegue al fondo de su billetera antes de llegar a su destino final. Recuerde, su meta es dejar de vivir de cheque en cheque, para que no se quede ciego.

Tómese un tiempo para sentarse y obtener una visión realista de su situación financiera actual. Su punto de partida debe consistir en 1) cuánto dinero tiene a la mano y en sus cuentas bancarias, cuentas IRA o inversiones; incluya los activos físicos que ya haya pagado. 2) Enumere todas las deudas que aún tiene pendientes. Considere los saldos de las tarjetas de crédito, hipotecas, préstamos estudiantiles, manutención infantil o cualquier otra obligación financiera que tenga que cumplir.

Tome la cantidad total que debe y dedúzcala de sus activos totales para obtener su patrimonio neto. Este es su punto de partida. No se preocupe si este número es negativo, la meta de leer este libro es cambiar eso.

- **Cree un presupuesto.** Ahora que usted sabe cuánto vale financieramente, tiene un punto de partida y puede calcular un presupuesto. Su presupuesto será un resumen detallado de todos los gastos que tiene y cuánto pagará por ellos cada mes.
- **Asegúrese de cubrir todo.** Eso incluye ese servicio de streaming de video de $10.00/mes que usted da por sentado. Además de los gastos concretos, incluya servicios públicos, pólizas de seguro, alimentos, gasolina y entretenimiento. No deje nada fuera. Si no está seguro de qué incluir en la lista, repase los últimos meses de recibos y eche un vistazo. Esta lista será la base de su presupuesto.

Eche un vistazo a tu figura inicial. Si no le gusta, vuelva a revisar su lista para ver si puede reducir algunos de esos gastos. ¿Qué puedes eliminar? ¿Cable? ¿Transmisión? ¿Cuentas de suscripción? Incluso podría renunciar a comer fuera y optar por cocinar más en casa.

Esto no significa que tenga que renunciar a sus buenos momentos, solo tiene que estar dispuesto a sacrificar un poco para obtener mejores ganancias. Una vez que haya decidido de qué puede prescindir, verá que el número final se hace más grande. ¡Ahora tienes un presupuesto!

Ahora que sabe cuánto tiene que trabajar, puede comenzar a establecer objetivos realistas.

- **Establezca objetivos prácticos.** Los objetivos financieros no son los mismos para todos, así que nadie puede decirle a qué atenerse. Sin embargo, hay algunos objetivos prácticos que puede considerar. Siempre puede agregarlos más tarde si lo desea. Los objetivos más comunes que encontrarás en las personas son:

  o   Establecimiento de un fondo de emergencia
  o   Salir de la deuda
  o   Planificación para la jubilación
  o   Comprar una casa o un auto
  o   Tomar unas vacaciones de ensueño

Usted puede elegir por sí mismo cuáles deben ser tratados en primer lugar, pero siempre y cuando los tres primeros sean tratados, usted podrá encontrar la seguridad que está buscando. Siga estas sugerencias básicas para ayudarle a comenzar.

Objetivo 1: Establecer un fondo de emergencia. Si ha hecho bien su presupuesto, al menos tendrá unos pocos dólares para dedicar a un fondo de emergencia. Al principio, puede que no sea mucho. Tal vez $ 5 o $ 10 cada cheque de pago. Sin embargo, si es coherente, se sorprenderá de cuánto puede acumular con un depósito constante de unos pocos dólares en su cuenta.

Usted decide cuánto dinero quiere tener en su fondo de emergencia. Nadie puede decirle cuánto necesita, pero una pauta general es de tres a seis meses de gastos de manutención debe ser apartada. Si usted tiene una buena seguridad laboral, eso puede ser suficiente, pero si está en una situación precaria en su trabajo, entonces podría decidir un poco más.

Meta 2: Pague su deuda. Es fácil quedarse atascado en las facturas todos los meses y puede ser muy desalentador ver cómo su cuenta se desangra todos los días de pago. Algunas personas ven el dinero como electricidad, y no son más que el cable que pasa a través de él. Sale tan rápido, si no más rápido, que su entrada.

La mejor manera de resolver este problema es apuntar a esas cuentas y pagarlas. Estar libre de deudas puede parecer una tarea imposible, pero si usted está dispuesto a hacer algunos sacrificios al principio, incluso unos cuantos dólares adicionales agregados a cada pago comenzarán a ver que el balance lentamente comienza a aumentar. Solo asegúrese de que no gasta nada del dinero de su fondo de emergencia en el ínterin.

Objetivo 3: Planifique su jubilación. Desea pensar en su futuro, incluso si está muy lejos de su realidad. Si todavía no has pensado mucho en esto, entonces no estás solo. Si amas tu trabajo y no puedes imaginar la vida sin él, entonces tal vez puedas sobrevivir, pero en general, la mayoría de las personas quieren ver un día en el que no tengan que levantarse y caminar para trabajar todo el día. Quieren pasar sus últimos años haciendo las cosas que aman y sacar el máximo provecho de sus vidas.

Cuanto antes comience este plan, más fácil será llegar a ese último día de trabajo en el que podrá recuperar su vida. No importa la edad que tenga, nunca es demasiado pronto para empezar a planear su jubilación. Si usted tiene un trabajo que ofrece un buen plan 401(k) mucho mejor. Sin embargo, incluso si no lo hacen, usted puede reservar dinero para esos años posteriores por su cuenta. Tu yo futuro te lo agradecerá profusamente.

Cómo establecer sus metas a corto y largo plazo

Ahora la parte divertida. Una vez que hayas quitado las cosas de los adultos del camino, es hora de pensar en apoyar al niño que hay en ti. Aquí es donde usted decide cómo utilizará esa riqueza acumulada para mejorar su calidad de vida. Piensa en el tipo de cosas que te darán placer y satisfacción en la vida.

No importa cuáles sean sus objetivos, es hora de comenzar a hacer una lista para ayudarlo a clasificarlos en orden de importancia. Comience por hacer una lista de todas las cosas que desea hacer, luego sepárelas en diferentes categorías:

1. **A corto plazo**: objetivos que se pueden alcanzar en pocos años. Vacaciones, comprar un auto o tomar una clase de cocina gourmet.

2. **A largo plazo**: objetivos que pueden demorar 10 años o más en alcanzar. Comprar una casa o desarrollar una propiedad de alquiler.

Al detallar el deseo de su corazón en papel, los coloca al frente y al centro de su vida. Cuando anote sus objetivos, asegúrese de establecer un cronograma estimado para lograrlo. La línea de tiempo es lo que lo motivará a seguir adelante, hacer la investigación necesaria y tomar los pasos para lograrlo sin postergarlo.

10 maneras de salir de una deuda lo antes posible

La parte divertida del presupuesto y la planificación financiera está en sus sueños. Pero si usted es serio acerca de la obtención de la libertad financiera que necesita para salir de la deuda en primer lugar. Esto puede ser difícil si se tiene en cuenta que la mayoría de la gente hoy en día tiene deudas por valor de casi 25.000 dólares. Son muchas cuentas que pagar.

Debido a que las personas tienden a gastar más de lo que ganan, la deuda acumulada en la mayoría de los casos es el resultado del uso del crédito para compensar la diferencia. Si desea encontrar la riqueza que está buscando, ya no puede esconderse detrás de su crédito para obtener las cosas que necesita. Todo lo que se necesita es un desastre o evento desafortunado y usted estará en camino a la bancarrota.

1. **No pague solo el pago mínimo.** Eche un vistazo a la tasa de interés en el estado de cuenta de su tarjeta de crédito. En la mayoría de los casos, es del 15% o más. A esa tasa, si usted paga solo la cantidad mínima de pago cada mes, podría tomarle años pagarla. Esta es una de las principales razones por las que la gente no puede ver su camino lejos de las facturas de las tarjetas de crédito, pero las tasas de interés pueden ser la ruina de su existencia en otros préstamos también. Piense en todos los intereses que está pagando por sus préstamos estudiantiles, préstamos personales u otras formas de deuda.

   o   La mejor manera de pagar estas cuentas más rápido es pagar más que el pago mínimo. No solo reducirá el interés que paga, sino que el dinero adicional que agregue ayudará a reducir el monto del capital adeudado, lo que acelerará el proceso de pago.

   o   Antes de que usted pague completamente su deuda, verifique que su acreedor no le va a cobrar ninguna multa por pagarla antes de tiempo.

2. **Utilice el método de la bola de nieve**. Si usted puede encontrar una manera de pagar más que el pago mensual mínimo, puede usar el método de bola de nieve para pagar sus deudas. Esto no solo hará que se paguen las cuentas, sino que aumentará su sentido de logro a lo largo del camino.

   o   Haga una lista de todas sus deudas, desde las más pequeñas hasta las más grandes. Use todos sus fondos excedentes para pagar primero la deuda más pequeña y hacer pagos mensuales mínimos en todas las demás. Una vez que la factura más pequeña haya sido pagada, entonces tome ese dinero extra y páguela a la siguiente factura más pequeña de la lista hasta que la haya pagado por completo.

o   En esencia, usted está haciendo una bola de nieve con todo su dinero extra y empujando hacia la cantidad total que debe hasta que llegue a un punto en el que pueda decir que está libre de deudas.

3.   **Consiga un trabajo extra**. Si usted puede ver su camino claro para recoger unos cuantos dólares extra con un trabajo adicional que en realidad puede poner mucho más dinero en su bolsillo para pagar esas cuentas extra. No tiene que ser un trabajo regular donde tienes que marcar un reloj todos los días. Casi todas las personas tienen alguna habilidad o talento especializado que pueden aprovechar. Conseguir algunos trabajos de fin de semana al mes o trabajos por cuenta propia puede llegar muy lejos en cuanto a poner dinero extra en su bolsillo.

4.   **Reduzca su estilo de vida**. Si usted está realmente determinado, puede reducir sus gastos al mínimo absoluto, hasta que todas sus cuentas sean pagadas en su totalidad. Esto significa que usted eliminará todos los gastos adicionales y solo usará el dinero suficiente para arreglárselas. Si este pensamiento está haciendo que su corazón se acelere demasiado, relájese un poco. Este tipo de presupuesto no pretende ser una decisión de por vida, sino que solo se ejercerá hasta que usted quede libre de deudas.

5.   **Tenga una venta de garaje/patio**. Todo el mundo tiene un montón de cosas para las que ya no sirve de nada. Tómate tu tiempo y revisa el garaje, los armarios, los sótanos y los áticos para ver lo que tienes escondido. Ya conoces el dicho: "La basura de un hombre es el tesoro de otro". Si usted encuentra cosas en su casa que ya no usa y no tiene expectativas realistas de usarlas en el futuro, no debería tener problemas para encontrar cosas para vender.

a.   Si no tiene tiempo para organizar una venta de garaje, considere llevar sus cosas a una tienda de consignación o venderlas en línea en sitios como eBay, Facebook o Craigslist.

6. **Negocie una tasa de interés más baja.** Si usted está luchando con tasas de interés excesivamente altas, puede ser posible negociar por una tasa de interés más baja. Mucha gente no piensa en hacer tal petición, pero muchas compañías de crédito están felices de obligar, especialmente si usted tiene una buena relación con ellos.

7. **Transfiera su saldo.** Si tiene una tarjeta de crédito con una factura extremadamente alta y además está pagando altas tasas de interés, es posible que pueda transferir el saldo restante a otra tarjeta con una tasa de interés más baja. Hay incluso algunas tarjetas que ofrecen una tasa de interés del 0% durante los primeros 18 meses. Con ese tipo de jugada, usted tendrá mucho dinero extra para cancelar esas facturas.

8. **Use dinero inesperado para pagar deudas.** A lo largo del año, usted puede recibir ingresos adicionales inesperados. Por ejemplo, usted podría recibir un bono de fin de año de su empleador, o podría recibir un bonito cheque de reembolso de impuestos. Tal vez una persona rica te ha dejado una pequeña y ordenada suma o te dan un aumento. En cualquier caso, no es dinero lo que usted ha dedicado a sus gastos presupuestarios. Use ese dinero para pagar tu deuda y estarás muy por delante del juego.

9. **Detenga los gastos innecesarios**. La mayoría de las veces, el saldo de la tarjeta de crédito no disminuye porque usted sigue aumentando. Tomarse el tiempo para examinar cómo usa su tarjeta de crédito puede darle una buena idea de sus hábitos de gasto. Al mirar hacia atrás sobre sus gastos pasados, usted puede decidir por sí mismo si la deuda realmente valió la pena. Tal vez podrías haberte conformado con una taza de café normal en lugar de un mocca frappuccino. Ponerlo a trabajar en una bolsa marrón puede evitar que salga a comer y le ahorre mucho dinero. Al eliminar hábitos costosos, usted puede reducir sus gastos generales a algo que es mucho más manejable.

10. **Evite la tentación**. Todos tenemos cosas que son difíciles de resistir. Aun así, usted puede casi garantizar que con todo el marketing y la publicidad que hay a su alrededor todos los días, la zanahoria que la sociedad está colgando frente a sus ojos todos los días lo tentará. Cuando

usted está tratando de pagar la deuda, es mejor tratar de evitar esas tentaciones dondequiera que vaya. Si se siente atraído por su restaurante favorito cuando regresa a casa del trabajo todos los días, trate de tomar una ruta diferente. Si usted ve el mismo comercial tentador cuando ve la televisión, considere cambiar el canal o al menos levantarse y salir de la habitación durante las pausas comerciales.

La conclusión es que *tiene una opción*. Usted puede continuar tomando el camino fácil y simplemente meter la cabeza en la arena, fingiendo que no ve su situación financiera, o puede hacer frente a sus problemas de deuda. Ya sea que usted decida hacerlo ahora o se enfrente a tener que lidiar con ello más tarde, tendrá que pagar sus cuentas. Es mejor hacerlo en sus propios términos.

Lo principal que hay que recordar es que hay una salida, pero no esperes un milagro. Con sus planes para lograr la libertad financiera, va a tomar un poco de prisa de su parte, pero si lo hace, usted será ricamente recompensado por todo su arduo trabajo al final.

Capítulo 2: Cómo presupuestar de manera correcta

Construir un buen crédito es esencial para su futuro financiero. Aunque es posible vivir en este mundo sin crédito, no es fácil. Pero tampoco es fácil salir de la deuda y restablecer su crédito. Se necesita una planificación cuidadosa y ser plenamente consciente de cada dólar que se gasta. La única manera de salir del atolladero es con un presupuesto cuidadoso, pero incluso eso puede resultar un poco confuso. Hay tantos planes diferentes para presupuestar que puede ser abrumador saber qué hacer.

El problema es que la creación de un presupuesto no es tan corta y seca como se podría creer. Así como no todos los hábitos de crédito son iguales, no todos los enfoques para corregir su situación financiera serán adecuados para usted. Sí, el objetivo final sigue siendo consistente: quiere pagar la deuda, crear un pequeño fondo de reserva o trabajar para conseguir una compra importante. Pero la realidad dicta que hay muchos caminos que se pueden tomar para llegar allí.

Cómo encontrar un presupuesto que funcione para usted

Antes de que pueda decidir sobre el método que aplicará a sus finanzas, piense en los factores que están afectando su vida actualmente. Claramente, una persona soltera que vive sola no tendrá tanto de qué preocuparse como una persona que tiene una familia que mantener. También debe dedicar tiempo a crear un presupuesto y considerar los recursos que tiene a su disposición. A continuación, se presentan varios métodos de presupuestación que puede considerar. Léalos y vea cuál le parece verdadero. Esto lo ayudará a determinar dónde se encuentra en el espectro para que pueda planificar un enfoque efectivo para la presupuestación en el futuro.

Cuando conozca su punto de partida, decidir la ruta a seguir es mucho más fácil. Saber con qué tiene que trabajar y dónde quiere terminar. Todo lo que queda es dibujar una línea en tu hoja de ruta.

1. **Conozca sus valores.** Sus valores consisten en lo que te importa, las cosas en tu vida que sientes que no puedes vivir sin ellas. Obviamente, la comida, la ropa y el refugio estarían en la parte superior de esta lista. Los valores pueden variar de persona a persona. El punto es que entender sus valores le ayudará a priorizar lo que es más importante en su presupuesto.

2. **Fije sus metas.** Sus valores le darán instrucciones claras sobre lo que debe esforzarse por lograr. Piense en lo que quiere que su dinero haga por usted en el futuro, pero no escriba una sola meta a largo plazo. Divídalo en pasos factibles. ¿Qué le gustaría lograr en el próximo mes, tres meses, seis meses, un año, tres años, cinco años, diez años?

3. **Conozca sus ingresos.** ¿Cuánto dinero trae a casa en cada período de pago - después de impuestos? Este será el dinero que usará para determinar su asignación de gastos. Solo desea incluir el dinero que recibe regularmente y que SABE que viene.

4. **Conozca sus gastos.** Revise los estados de cuenta de su tarjeta de crédito, los registros bancarios y los recibos de la tienda. Puede dividir sus gastos en dos categorías: gastos fijos y gastos flexibles. Los gastos fijos serían el alquiler o la hipoteca, el pago del coche, las facturas de las tarjetas de crédito y los préstamos estudiantiles.

Los gastos flexibles son un poco más difíciles de calcular. Estos incluyen cosas como comida, ropa, entretenimiento, etc. El coste varía de un mes a otro. Es posible que tenga que calcular la cantidad total durante varios meses y luego obtener un promedio razonable.

No se olvide de los gastos adicionales que se olvidan fácilmente. Son aquellos gastos que no se pagan con regularidad; impuestos, seguros, suscripciones, etc.

Ahora, usted tiene todas las herramientas que necesita para crear un presupuesto viable que le ayudará a satisfacer sus necesidades.

Ahora viene la parte en la que tiene que decidir qué método funcionará mejor para usted.

6 métodos de presupuestación que deben conocerse para no perder nunca más la noción del dinero

Siempre y cuando se cubran los fundamentos del presupuesto - seguimiento de los gastos, gestión de los ingresos - usted tiene un poco de libertad para elegir el método de presupuestación que mejor se adapte a sus necesidades. Si uno de ellos parece encajar bien, entonces hágalo. No hay nada malo en cambiarse a otro si se da cuenta de que no satisface sus necesidades.

1. **El presupuesto de partidas individuales**

El presupuesto por partidas está diseñado para aquellos que tienen problemas con los gastos más importantes. Las personas que lo usan son aquellas que necesitan seriamente salir de la deuda y no tienen ningún problema en poner todos sus gastos en categorías viables.

Este sistema requiere que usted categorice sus gastos. Puede crear tantas categorías como necesite: gastos del hogar, deudas de tarjetas de crédito, costos de transporte, alimentos, ropa, servicios públicos, aseo personal, se le ocurre la idea. En cada categoría, enumere todos los gastos que tiene que pagar.

Cree tres columnas, gasto estimado, gasto real y lo que quede. Cuando compara cada una de estas columnas, podrá medir su progreso después de cada período de pago.

Al lado de cada artículo, asigne un monto en dólares a pagar mensualmente. A medida que realiza cada pago, anótelo y deduzca el monto del total adeudado. Puede ser útil crear una factura adicional por imprevistos, de esa manera, no queda nada fuera.

Este método de presupuesto es perfecto para la persona que tiene el tiempo y los recursos para averiguar muchos detalles y la dedicación para hacer el trabajo extra que está involucrado.

2.   **El presupuesto 50/30/20**

El presupuesto 50/30/20 tiene pautas que no son tan meticulosas. Sin embargo, con el presupuesto 50/30/20, usted dedica el 50% de sus ingresos a los gastos necesarios, el 30% a las cosas que desea y el 20% a los ahorros.

Este método es ideal para aquellos que no se sienten cómodos con un presupuesto estricto o que no tienen mucho tiempo para dedicar a hacer un presupuesto de línea. Sin embargo, es lo suficientemente flexible como para saber exactamente cuánto puede ahorrar y cuánto tiene que gastar en sus necesidades diarias. El modelo debe ser lo suficientemente flexible para adaptarse a su estilo de vida.

3.   **Páguese usted primero**

El primer modelo de "pague usted mismo" toma dinero de sus ingresos y lo deposita en una cuenta de ahorros antes de pagar por cualquier otra cosa. Aunque usted se pague a sí mismo primero, necesitará saber cuánto dinero necesita para cubrir sus gastos, de modo que tenga suficiente para cubrirlos.

Este método funciona bien para aquellos que se encuentran a finales de mes preguntándose dónde ha ido todo su dinero. Al mismo tiempo, no requiere que usted se apegue a una contabilidad estricta en dólares.

También funciona bien con aquellos que tienen un ingreso mensual inconsistente. Primero, tome el promedio de los últimos seis meses de ingresos, luego sume todos sus gastos para el mismo período y luego reste los gastos de los ingresos. El resto es lo que usted puede dedicar a sus ahorros.

4. El sistema de sobres

Hay otro sistema que funciona con un poco más de fuerza en las cuerdas del bolso. Funciona bien para aquellos que necesitan un poco más de disciplina para hacer el trabajo. El sistema de sobres le ayuda a reducir el gasto excesivo en artículos no esenciales sin tener que hacer un seguimiento de cada centavo que gasta. Se trata de un enfoque básico de la presupuestación basado en el principio de caja.

Determine un límite de gastos para cada gasto. Por ejemplo, podría crear presupuestos individuales para comestibles, ropa y entretenimiento. Al principio de cada mes, divida todo su dinero en estas categorías de presupuesto más pequeñas y colóquelo en sobres etiquetados. Cada vez que necesite comprar algo de una de esas categorías, lo pagará con ese sobre. Cuando el sobre está vacío, usted ha agotado su presupuesto y no hay más dinero para hacer más compras hasta el próximo día de pago.

Este método funciona bien para aquellos que luchan por controlar sus hábitos de gasto o que dependen demasiado de las tarjetas de crédito o débito para pagar las cosas. No se dan cuenta de cuánto están gastando hasta que todo su dinero ha desaparecido.

5. Presupuesto de suma cero

Luego está el presupuesto basado en cero, que es particularmente bueno para cualquiera que tenga tendencia a gastar más de la cuenta sin darse cuenta. Con este plan, usted sabrá exactamente cómo se está usando cada dólar que gasta. En otras palabras, cada dólar debe tener un propósito intencional antes de que salga de sus manos, usted debe dar cuenta de cada centavo para que funcione bien.

El sistema funciona exactamente cómo suena. El último día del mes, su presupuesto debe ser siempre igual a cero. Entonces, si al final del mes, le sobra dinero, debe detenerse y encontrar un hogar para ese dinero.

Funciona para aquellas personas que usualmente tienen un poco de dinero extra al final del mes. Sin darle al dinero un trabajo para hacer, la tendencia a usarlo para cosas innecesarias puede ser un problema. Le obliga a detenerse y pensar prácticamente en la mejor manera de utilizar sus fondos para que lo acerquen más a sus metas.

6. El presupuesto sin presupuesto

Este método requiere que usted sea consciente de sus hábitos de gasto. En lugar de preocuparse por cuánto se está gastando en cada una de sus categorías, usted gasta en función de sus valores y lo que es más importante para usted.

Funciona bien para aquellos que ya pueden ser bastante modestos y algo disciplinados sobre el dinero que gastan.

Comience por crear un esquema para todo aquello en lo que se sienta cómodo gastando su dinero. Cualquier cosa que no esté en línea con lo que usted cree que es importante o esencial no debe figurar en esta lista.

Por ejemplo, usted podría ser alguien que prefiere viajar y tomar vacaciones una o dos veces al año. Cualquier dinero extra que tenga después de que sus necesidades sean satisfechas puede ser utilizado a viajar.

Algunas personas pueden preferir dedicar su dinero a sus mascotas, otras pueden querer invertir en el mercado de valores, mientras que otras pueden estar pensando en convertirse en empresarios. Su dinero discrecional puede ser dedicado a cualquier cosa que usted crea que es importante y puede mejorar su vida.

¿Qué presupuesto es el adecuado para usted?

Como puede ver, hay varias maneras diferentes de presupuestar para su futuro. Aunque el objetivo final es el mismo con todos ellos, solo uno encajará con su estilo de vida y su forma de administrar el dinero.

Para decidir qué sistema funcionará mejor para usted, hay algunas cosas que debe tener en cuenta.

- ¿Cuánto tiempo tiene para controlar su presupuesto? Algunos métodos son relativamente fáciles y no requieren mucho mantenimiento de registros detallados. Sin embargo, otros pueden requerir el mantenimiento de registros elaborados con numerosas hojas de cálculo de Excel y el seguimiento constante de cada centavo que gasta. Si no tiene mucho tiempo para dedicarse a mantener un registro tan extenso, es posible que desee comenzar a trabajar con un presupuesto que tenga un poco más de toma y daca.

- También debe pensar con qué frecuencia debe controlar su presupuesto. Aquellos que están bastante seguros de que su presupuesto está en el camino correcto pueden revisar sus resultados mensualmente, mientras que otros pueden elegir verlo una o dos veces al año. Si todavía está tratando de obtener el saldo correcto, es probable que esté más dispuesto a revisarlo semanalmente o incluso después de cada compra.

Por lo menos, tener un presupuesto le permite abordar la vida con confianza. Sabes que tienes un plan y una dirección en la que quieres ir.

Cada vez que usted paga una factura, se siente orgulloso de estar un paso más cerca de sus metas, y eso vale dinero en el banco.

7 maneras de hacer que el presupuesto sea más llevadero

Hay muchos beneficios al aprender a presupuestar adecuadamente, pero muchos de nosotros nos sentimos tímidos por los arduos días que pasamos en las aulas de nuestras escuelas intermedias y secundarias. Sin embargo, con solo unos pocos consejos, esas aburridas clases de matemáticas pueden cobrar vida y usted puede descubrir cuánta diversión puede tener al hacer esos números.

1. **Aproveche las ventajas de la tecnología moderna**

Si realmente no es bueno con los números, aprovecha la tecnología moderna. Hay muchas aplicaciones excelentes que pueden ayudarle a hacer su presupuesto con el mínimo esfuerzo. Cada uno tiene su propio conjunto de características que se pueden aplicar a su situación. Después de una cuidadosa búsqueda y análisis de las opciones disponibles, es posible encontrar una que se ajuste a sus necesidades.

2. **Conozca sus objetivos**

El trabajo se vuelve mucho más interesante cuando sabes por qué lo haces. Cuando se empieza por establecer algunas metas claras, aunque sean pequeñas, se le da sentido a lo que se quiere hacer. Si establece objetivos a largo y corto plazo, tendrá ciertos hitos que alcanzar y una vez que haya dominado algunos de ellos, se sentirá motivado para seguir adelante.

Comience configurando algunas fáciles que sabe que puede lograr, y luego observe la magia a medida que sucede. No hay nada más motivador y alentador que el éxito. Los objetivos más grandes se pueden dividir en pequeños pasos. Cada hito que superes te ayudará a ver que estás progresando, incluso si el final está a meses o años de distancia.

3. Regálese recompensas

La razón principal por la que hacemos cualquier cosa es por las recompensas. Vamos a trabajar por la recompensa del cheque de pago, estudiamos duro en la escuela por la recompensa de una buena calificación, hacemos lo mejor que podemos en la competencia por la recompensa del premio, y luchamos a través de las relaciones por la recompensa de una vida familiar feliz. Es lógico que trabajarás más duro cuando haya algo gratificante al final de la pelea.

Hay todo tipo de recompensas que puedes darte a ti mismo, solo asegúrese de que su recompensa esté en línea con tus objetivos. Usted podría darse el gusto de pasar una noche en la ciudad después de completar un mes completo de presupuesto, reservar un poco de dinero para unas vacaciones o una escapada de fin de semana, o recompensarse con un traje nuevo o un par de zapatos.

El punto principal es que usted reconoce lo que ha logrado y se siente feliz al respecto. La perfección es una buena meta para alcanzar, pero si se ofrece a expensas de su estabilidad mental y emocional, usted puede alcanzar su meta, pero no habrá mucha satisfacción en ella.

4. No se trata solo de usted

Incluso si tiene hijos pequeños, dejar que todos los miembros de la familia sean parte de la solución te quita gran parte de la carga y puede hacer que sea mucho más gratificante. Algunas personas convierten el presupuesto en un juego al permitir que los niños compitan al ver quién puede ganar más dinero en trabajos esporádicos o quién puede ahorrar más.

Así como las recompensas funcionarán bien para usted, harán maravillas para motivar a los más pequeños de la familia: un viaje a la tienda local de dulces, algo del camión de helados o un día en el parque (¡eso es gratis!). Recuerde, una recompensa para sus hijos también es una recompensa para usted. Será más fácil lograr sus objetivos y será un gran impulso para la autoestima de sus hijos. Aprenderán buenos hábitos de gestión del dinero y se sentirán parte de la solución en lugar del problema.

5. Conviértase en más autosuficiente

Ahorrar dinero no se trata solo de cambiar dólares de un lugar a otro. Mientras que usted puede ahorrar de esa manera, es mucho más divertido aprender maneras creativas de adquirir las cosas que necesita sin gastar mucho dinero en efectivo. No hay nada más gratificante que ir a su patio trasero a recoger sus verduras para la cena que encontrarlas en su supermercado local.

Y lo mejor de todo es que todos en la familia pueden participar. Sus hijos aprenderán una valiosa y preciosa habilidad que les durará toda la vida, y usted ahorrará dinero al mismo tiempo. Una vez que prueban la diferencia en los alimentos que usted cultiva, es posible que no quieran volver a comer alimentos comprados en la tienda.

Hay muchas cosas que puede hacer para ahorrar dinero. Además de cultivar sus propios alimentos, puede crear sus propios artículos de limpieza, aprender a coser su propia ropa, o incluso hacer sus propios productos para el cabello. De hecho, si lo haces bien, es posible que puedas invertir algo de eso en un negocio secundario que te ayudará a mantenerte dentro del presupuesto también. ¿Qué puede ser mejor que eso?

6. Piense de manera diferente sobre el dinero

Aprenda a pensar en el dinero de una manera diferente. Lo más probable es que usted haya visto el dinero como una fuente de estrés y ansiedad por un tiempo. La necesidad de dinero ha causado que muchos se endeuden tanto, no es de extrañar que tanta gente lo vea de manera negativa.

Ahora, cuando empiezas a ver que tu dinero trabaja para ti y no en tu contra, es posible verlo como un medio para alcanzar un fin. A medida que aprenda a priorizar sus gastos y vea sus efectos a medida que pasa un hito tras otro, verá el dinero como una herramienta que puede utilizar a su favor.

7. Plan de jubilación anticipada

Cuanto antes empiece a planificar su jubilación, antes podrá ver el dinero como una forma de conseguirlo. Piense en todas las cosas que puede tener si puede jubilarse temprano. El tiempo que puede pasar con su familia, las vacaciones que disfrutará, el tiempo que tendrá para hacer las cosas que ama y la vida sin estrés que llevará.

Aunque el presupuesto puede ser una necesidad, no tiene por qué ser doloroso o estresante. Al idear formas creativas de hacerlo más interesante, usted puede asegurar su éxito. La elaboración creativa de presupuestos puede ser una gran manera de motivar a toda su familia, amigos y vecinos para que le ayuden a alcanzar sus metas sin perder el corazón en el proceso.

7 pasos importantes para construir un buen crédito

El mal crédito puede ser la perdición de la existencia de cualquiera. Puede impedir que alquile un lugar decente para vivir, que compre una casa, que interrumpa sus medios de educación, e incluso puede ser la razón por la que no pudo conseguir un buen trabajo. Si usted tiene mal crédito, entonces ya sabe lo que se siente.

Puede ser muy emocionante obtener la primera tarjeta de crédito. Cada compra que usted hace, cada pago atrasado, comienza a convertirse en una imagen que se vuelve muy difícil de borrar. Poder utilizar el crédito de manera responsable es una forma segura de asegurar su futuro financiero.

Sin embargo, lamentablemente, esta lección llega demasiado tarde para la mayoría de las personas, y terminan teniendo que reconstruir su crédito y recuperarse de algunas decisiones dolorosas que han tomado en el pasado.

La buena noticia es que no importa cuán malo sea su crédito hoy en día, hay maneras de reconstruirlo y restaurar su buen nombre. Puede tomar tiempo, pero aplicando algunos principios muy básicos usted puede establecer un buen historial de crédito, uno del cual usted puede estar orgulloso.

Ya sea que esté tratando de restaurar su crédito o que esté comenzando, tenga en mente estos pequeños consejos para proteger su imagen y asegurarse de que su crédito no sufra de malas decisiones en el futuro.

1. Nunca pida más de lo que puede pagar

Usted recibió su crédito porque lo consideraban digno de crédito, así que no comience a usarlo con malos hábitos de gasto. Asegúrese de que cuando utilice su tarjeta solo la utilice para cosas que pueda permitirse. Puede ser difícil resistir la tentación de comprar cosas a crédito que ya se pueden comprar sin él, pero es una señal poderosa para los futuros acreedores de que usted está siendo responsable. Se alegrará de haber sido modesto cuando más tarde pueda obtener esos artículos de gran valor que no podía obtener antes.

Esto también es cierto cuando se trata de obtener préstamos. Solo pida prestado lo que sabe por un hecho que puede pagar en un tiempo razonable. Tómese un poco de tiempo para revisar su presupuesto para que sepa exactamente lo que puede pagar mensualmente. Si el monto del pago del préstamo excede ese número, no tenga miedo de retirarse.

2. No use todo su crédito

Solo porque un acreedor le da un límite máximo, no le da carta blanca para usarlo todo. Cuando usted maximiza sus tarjetas de crédito, los acreedores lo ven como irresponsable, especialmente si usted no tiene el hábito de pagar su factura en su totalidad cada mes. Los prestamistas notan que los prestatarios que maximizan su crédito son generalmente los mismos que tienen dificultad para pagar su saldo. Trate de mantener su saldo en torno al 40% de su límite de crédito para mantener una buena puntuación de crédito.

3. No obtenga muchas tarjetas de crédito

Abrir demasiado crédito nuevo demasiado pronto puede ser muy perjudicial para su crédito.
Intente apegarse a una sola tarjeta de crédito a la vez. Establezca una buena calificación con esa y úsela durante un par de años antes de intentar solicitar una nueva. Su calificación crediticia se mantendrá sólida si no sale corriendo, sino que comienza a construirlo lenta y constantemente.

4. Pague su saldo en su totalidad cada mes

Probablemente haya escuchado que es importante que pague el saldo completo todos los meses. Si solo está cobrando lo que puede pagar, esto no es un problema. Cuando usted es cuidadoso con sus gastos y puede pagar su saldo cada mes, usted les muestra a sus acreedores que es responsable. Como resultado, terminará con un puntaje de crédito más alto.

5. Pague a tiempo

Una de las cosas más importantes que puede hacer cuando se trata de pagar sus cuentas es *pagar a tiempo*. Es importante que se acostumbre a pagar todo a tiempo para que no tenga la oportunidad de afectar negativamente su puntaje. Cualquier factura que tenga la posibilidad de atrasarse y terminar siendo enviada a una agencia de cobranza puede dañar su crédito.

6. Gestionar correctamente los saldos

Habrá momentos en los que tendrás que llevar un saldo en algunos artículos de gran valor. Si encuentra que no puede pagar el saldo completo al final del mes, asegúrese de pagar una cantidad significativa para que pueda pagar más que los pagos de intereses de la deuda que debe.

Siempre trate de pagar más del pago mínimo cada mes hasta que pague su saldo inicial. Cuando usted hace eso y mantiene su saldo adeudado a menos del 30% de su límite de crédito, protege su crédito y puede mantener una puntuación relativamente alta.

7. Permita que sus cuentas maduren

Tener buen crédito puede ser algo bueno, pero mientras más tiempo lo tenga, mejor. A medida que sus cuentas maduran, se ve bien en un informe de crédito. Cuando usted mantiene activas las cuentas más antiguas, le dan un impulso a su imagen crediticia. Tenga en cuenta que, si cierra una cuenta, pueden pasar varios años antes de que desaparezca de su registro, así que déjelas abiertas, incluso si no piensa utilizarlas. Esto les mostrará a los acreedores que usted no está confiando en él para salir adelante.

Establecer un buen crédito es extremadamente importante para cualquiera que esté buscando libertad financiera. Aunque hay varias maneras de alcanzar esa meta, establecer un buen presupuesto y atenerse a él es una clave segura para el éxito. Pero presupuestar no tiene que significar meses de monotonía y privaciones, como algunas personas han sido inducidas a creer. Si lo hace de la manera correcta, encuentre un plan que funcione bien con su estilo de vida y su personalidad, estará en camino de descubrir la libertad que conlleva administrar bien su dinero.

No es suficiente tener un buen presupuesto; necesita saber cómo implementarlo correctamente. Eso incluye saber cómo usar el crédito sabiamente. Establecer un buen futuro financiero no debería parecer un castigo, pero debería ser inspirador y gratificante. Siguiendo estas pautas muy básicas, puede encontrar el éxito en el camino y los grandes años de recompensa en el futuro.

Capítulo 3: Invertir 101

Aprender a administrar su dinero es un gran paso hacia la obtención de la libertad financiera, pero una vez que ha tenido éxito, solo está a mitad de camino. La realidad es que encontrar riqueza y seguridad financiera rara vez proviene de una buena gestión de las cuentas de crédito y ahorro.

Esas dos características pueden ponerlo en una mejor posición financiera, pero no borran el hecho de que aún necesita trabajar por su dinero. Un planificador financiero inteligente entiende que la transición de trabajar por su dinero a que su dinero trabaje para usted es un gran paso. Conseguir que su dinero trabaje para usted significa que tiene que invertir.

Tipos de inversiones para agregar a su cartera

Hay una amplia variedad de opciones de inversión disponibles para cualquiera que esté dispuesto a tomar el riesgo. Comprender su nivel de tolerancia al riesgo puede marcar una gran diferencia en las herramientas de inversión que usted elija. Al tomar decisiones de inversión, debe decidir si está dispuesto a invertir a largo plazo o si desea obtener un rápido rendimiento y realizar una inversión a corto plazo. Para la mayoría de las personas, la primera línea de opciones de inversión a largo plazo son acciones o bonos, pero hay una amplia variedad de opciones para elegir.

1. **Acciones**

En su definición más básica, una acción es la compra de una pequeña porción de una compañía específica. Cuando usted compra una acción, en realidad está comprando un porcentaje de las ganancias y activos potenciales del negocio. Cuando una compañía vende acciones de su compañía, lo hace con el fin de reunir capital para invertir en sus propias operaciones. Como inversionista, usted puede comprar o vender sus acciones para mejorar su propia cartera financiera.

Cuando el valor de las acciones aumenta, un inversionista puede entonces vender sus acciones a un precio más alto de lo que compró y obtener una ganancia. Otra forma de ganar dinero en acciones es comprando acciones que paguen dividendos. Los dividendos son distribuciones de ganancias que se entregan periódicamente a los inversionistas. Puede optar por invertir en acciones de dividendos o en acciones de crecimiento.

Con las acciones de dividendos, usted recibirá una distribución regular de ganancias sin necesidad de vender su participación en el negocio. Los dividendos pueden ser pagados mensualmente, trimestralmente, semestralmente, anualmente o en algún otro programa de pago. La mayoría de las compañías que pagan dividendos están bastante bien establecidas y en la mayoría de los casos se consideran seguras.

Las acciones de crecimiento son también acciones de compañías que se espera que experimenten un cierto crecimiento. No pagan dividendos, así que no recibes un pago regular por ser su propietario. La única manera de obtener una ganancia con una acción en crecimiento es vender sus acciones en el negocio.

Hay un cierto nivel de riesgo con ambas opciones. Las acciones de dividendos suelen ser la opción preferida para aquellos con una tolerancia de bajo riesgo. Las acciones de crecimiento son un poco menos predecibles, pero eso no significa que sean menos estables. Hay momentos en los que los beneficios de una acción de crecimiento pueden ser más gratificantes que los dividendos.

Si está pensando en invertir en el mercado de valores, tiene sentido que compare los dos, conozca su nivel de tolerancia al riesgo y decida qué tipo de inversión funciona mejor para usted.

2. Bonos

Cuando usted compra un bono, técnicamente está prestando dinero al emisor y recibirá una cierta cantidad de interés por permitirles el acceso a sus fondos.

En su mayor parte, se cree que los bonos son mucho más seguros que las acciones, pero las posibilidades de obtener grandes rendimientos son escasas. Usted también tiene un riesgo adicional del que preocuparse. Al igual que con cualquier compañía que extiende préstamos a otros, siempre existe el riesgo de que el prestatario entre en incumplimiento. Los bonos gubernamentales suelen ser más seguros porque están respaldados por la "fe y el crédito pleno" del gobierno federal de Estados Unidos. Junto a los bonos del gobierno en seguridad están los bonos estatales y municipales. Los bonos corporativos conllevan más riesgos, pero se consideran la tercera opción más segura.

Los inversionistas obtienen beneficios de los pagos regulares de intereses del prestatario, que normalmente se pagan una o dos veces al año y el principal se devuelve en la fecha de vencimiento. Los bonos son inversiones de renta fija, lo que significa que el importe de la inversión es fijo y no cambia.

3. Fondos de inversión

Cuando usted compra un fondo de inversión colectiva, está invirtiendo en un mayor número de acciones con una sola transacción. Los fondos recolectan dinero de una amplia gama de inversionistas y luego invierten ese dinero en acciones, bonos o activos selectos.

Estos instrumentos de inversión se encuentran y seleccionan en base a una estrategia establecida. Por ejemplo, un fondo puede ser solo un tipo específico de acciones o bonos, mientras que otros pueden tener un conjunto diferente de parámetros. Un fondo puede optar por trabajar solo con valores internacionales, mientras que otro puede querer centrarse en la tecnología o las ciencias.

Las ganancias se obtienen cuando la lista seleccionada de inversiones sube de precio. El dinero recibido podría ser en forma de dividendos o intereses. Periódicamente estos se dispersan al cliente. Además, cuando las inversiones realmente aumentan de valor, los propietarios son libres de vender sus intereses para obtener ganancias.

4. Fondos de índice

Un fondo índice es un tipo de fondo mutuo que rastrea pasivamente todas las acciones de un índice en particular. Este tipo de fondos no utiliza un gestor de fondos para elegir en qué acciones invertir. Más bien, la decisión se basa en todas las acciones de ese índice en particular. Por ejemplo, un fondo indexado muy conocido es el Standard & Poor's 500, que tiene como objetivo igualar la rentabilidad del S&P 500 mediante la tenencia de acciones en cada una de las compañías que cotizan en dicho índice.

Una de las mayores ventajas de invertir en fondos indexados es su bajo costo. Debido a que no hay necesidad de tener una persona viva para administrar el fondo, usted ahorra dinero.

Los fondos índices ganan dinero a través de los pagos de dividendos o intereses que se hacen periódicamente. También pueden ganar dinero cuando el valor de su inversión aumenta. Los inversionistas pueden vender su participación en el fondo cuando el precio sube.

5. Fondos cotizados en bolsa (ETF)

Un tipo de fondo indexado es un fondo cotizado en bolsa o un ETF. Los ETF se esfuerzan por copiar el rendimiento de un tipo específico de índice. Debido a que tampoco se gestionan de forma activa, también son mucho más baratos que los fondos de inversión.

Usted puede comprar ETF en la bolsa de valores regular y venderlos de la misma manera. El precio fluctuará al alza y a la baja a lo largo del día, al igual que las acciones regulares. Sin embargo, tanto los fondos mutuos como los fondos indexados tienen un precio fijo que solo se ajusta al final de cada día de negociación.

Las ganancias se obtienen de la misma manera que con todos los demás fondos. Algunos ETF pagan dividendos o tasas de interés, pero usted también puede ganar dinero cuando el fondo aumenta de valor y usted lo vende con una ganancia.

6. Opciones

Una opción es simplemente un contrato para comprar o vender una acción en particular a un precio predeterminado o en una fecha determinada. A pesar de que usted celebre un contrato, no está obligado a comprar o vender las acciones, por lo que tiene la flexibilidad de rechazar la oferta si así lo desea. El contrato solo le da una "opción" para realizar una transacción de este tipo. También tiene la opción de vender el contrato a otro inversor o dejar que expire.

Un contrato de opciones le permite bloquear una acción en particular a un precio más bajo. Si tiene razón, está optando por la posibilidad de comprar las acciones en una fecha posterior a un precio más favorable que el resto del mercado. Si sus predicciones son erróneas, solo perderá el dinero que invirtió en la compra del contrato y se irá.

Tendrá que abrir una cuenta de corretaje en su banco o en una compañía de inversión. Una vez que la cuenta está abierta y financiada, usted puede comenzar a hacer su inversión.

Sin embargo, debe tener mucho cuidado con las tarifas. Algunas compañías cobran cuotas mensuales, mientras que otras cobran por cada transacción. Cuando calcule sus ganancias, asegúrese de que una vez que haya tomado su decisión, las ganancias que usted reclama no sean consumidas por los costos de realizar esa transacción.

Comprender el mercado de bonos

Antes de comprar un bono, necesita investigar un poco. Hay un montón de recursos en línea que le ayudarán a encontrar los mejores bonos en los que invertir. Busque sitios que desglosen toda la información sobre los diferentes valores, cualquier noticia relacionada con su rendimiento, análisis y otra información vital que pueda ayudarle a tomar una decisión. Algunos de los sitios más utilizados son Investopedia, Morningstar, Yahoo y el Finance Bond Center.

Como inversor individual, no puede invertir personalmente en el mercado de bonos. Tendrá que solicitar la ayuda de un inversor institucional. La mayoría lo hace a través del fondo de pensiones de sus empleados, sus bancos, un fondo de dotación o un banco de inversiones. Si no tiene ninguno de estos a su disposición, su próximo paso sería encontrar un administrador de activos que haga la inversión por usted.

Hay tres grupos que están activos en el mercado de bonos.

Emisores: Aquellos que desarrollan, registran y/o venden bonos en el mercado. Estas pueden ser corporaciones o pueden ser de una agencia gubernamental. Probablemente estamos más familiarizados con los bonos del Tesoro de los Estados Unidos, que son emitidos por el Departamento del Tesorería, pero hay otras agencias que también emiten bonos. La mayoría de los bonos emitidos por el gobierno llegarán a su vencimiento a los 10 años.

Aseguradores: Un grupo que evalúa los riesgos de cada uno de los bonos. Compran valores de los emisores y luego los revenden a los compradores para obtener una ganancia.

Participantes: Los participantes compran bonos como préstamos a las distintas entidades. Los préstamos se extienden por la duración del título y reciben el valor nominal del bono una vez que alcanza su fecha de vencimiento.

Las calificaciones son emitidas por una agencia calificadora de bonos y por lo general vienen en forma de una calificación en forma de letra. Por ejemplo, una calificación "AAA" se considera de muy alta calidad y es menos probable que entre en incumplimiento. Una calificación "BBB" se considera de riesgo medio, y cualquier cosa que sea BB o inferior se considera una oportunidad de inversión de alto riesgo.

Comprender el mercado de valores

El mercado de valores es donde se compran acciones de compañías que cotizan en bolsa. Al igual que los bonos, existen diferentes tipos de acciones: acciones comunes, opciones y futuros.

El papel principal del mercado de valores es reunir a compradores y vendedores en un entorno controlado. El mercado garantiza que todos los valores se negocian de forma justa, honesta y transparente. Mantienen el comercio entre los inversionistas y las compañías de forma transparente.

El mercado de valores tiene dos componentes separados. El primero se destina a las nuevas compañías que ofrecen ofertas públicas iniciales o IPO para su comercialización. Los aseguradores fijan el precio inicial de los valores para la venta. Las OPI tienden a ser inversiones de mayor riesgo ya que la mayoría de estas corporaciones aún no han demostrado su valor.

El segundo componente es para la negociación de acciones para las compañías más establecidas. Aquí es donde tiene lugar la mayor parte de la negociación en el mercado de valores.

Existen varias bolsas de valores diferentes, cada una de las cuales ofrece diferentes valores para negociar.

Nasdaq: Se trata de una bolsa electrónica en línea que enumera los valores emitidos por compañías de menor capitalización. Las acciones en el Nasdaq incluyen compañías que comercian en una amplia gama de industrias, incluyendo bienes de consumo, servicios, servicios públicos, salud y tecnología.

Bolsa de Nueva York: La NYSE negocia algunas de las compañías públicas más grandes y antiguas que existen. Probablemente haya escuchado sobre el Dow Jones Industrial Average (DJIA), que consiste en las 30 principales compañías más grandes de la NYSE. Estos son también los índices más antiguos y referidos del mundo.

American Stock Exchange: Inicialmente, se utilizó para operar con clases de activos completamente nuevas. Hoy en día, es la bolsa utilizada para comprar y vender ETF.

Existen varias diferencias claras entre el mercado de bonos y el mercado de valores. El mercado de valores tiene un lugar central de comercio donde los inversionistas de todo tipo pueden comprar y vender sus intereses, mientras que el mercado de bonos no lo hace. Además, hay una diferencia en los niveles de riesgo entre los dos. Aquellos que deciden invertir en el mercado de valores están probablemente expuestos a un mayor nivel de riesgo que aquellos que invierten en el mercado de bonos.

Sin embargo, es más probable que los bonos se vean afectados por la inflación y las tasas de interés. Cuando hay un aumento en las tasas de interés, los precios de los bonos tienden a bajar. Por otro lado, si los tipos de interés son altos, el valor del bono en sí puede ser deflactado.

Los riesgos de crédito también son algo que debe considerar cuidadosamente. La compra de un bono de una compañía con mal crédito lo deja abierto a un posible incumplimiento. En la mayoría de los casos, es posible que el emisor ni siquiera pueda hacer los pagos de intereses mínimos de su inversión y usted podría perder mucho más.

Algunas de las opciones de inversión más seguras para empezar son los bonos del Tesoro de los Estados Unidos. Es menos probable que experimente un incumplimiento, pero eso no significa que estén 100% libres de riesgo. Todavía son susceptibles a la volatilidad de los precios durante la vida del préstamo.

Consejos para elegir las acciones adecuadas para usted

Su elección de acciones para negociar dependerá de varios factores. 1) su experiencia, 2) cuánto tiene que invertir, 3) y su estrategia de inversión real.

Hay varias estrategias a considerar: operaciones de día, operaciones de posición u operaciones a largo plazo. Es importante tener en cuenta que su plan de operaciones no es una estrategia fija, ya que necesita ser lo suficientemente dinámico y flexible como para adaptarse a un mercado en constante cambio. Más tarde, a medida que comience a operar y a observar sus éxitos y fracasos, se volverá más sabio en sus decisiones, reconocerá sus fortalezas y debilidades y aprenderá a utilizar ese nuevo conocimiento de manera más efectiva.

Antes de empezar:

1. Conozca sus objetivos ¿Qué espera lograr con su cartera financiera? Aquellos que buscan generar ingresos se fijarán en las

compañías de bajo crecimiento en industrias estables como los servicios públicos, los REIT (Fideicomisos de Inversión en Bienes Raíces) y las asociaciones. Si tiene una idea clara de su tolerancia al riesgo y de cómo la gestionará, intentará preservar su capital invirtiendo en valores de primera clase.

2.   Si usted está más interesado en preservar el capital, entonces podría centrar su atención en aquellas compañías que pasan por varias etapas del ciclo de vida y que se encuentran dentro de los límites del mercado.

3.   Todas las acciones subirán y bajarán de precio, pero no todas subirán al mismo tiempo. Al invertir en una gama más amplia de acciones, tendrá una mejor oportunidad de generar una cantidad constante de ingresos sin inconvenientes significativos con los que lidiar.

4.   Sea observador. Al invertir en acciones, usted siempre está aprendiendo. Manténgase al día de todos los acontecimientos actuales del mercado. Acostúmbrese a leer blogs, estudiar revistas y mantenerse al tanto de las últimas noticias financieras. Usted debe hacer esto diariamente.

5.   Encontrar la compañía adecuada. Comience por rastrear el rendimiento de una industria elegida y luego mire las acciones enumeradas en esa industria. Compruebe el ETF para la industria y vea qué compañías tienen.

6.   Filtrar por sector o industria puede ser un buen comienzo, pero puede ampliar la búsqueda aún más y filtrar su lista por otros detalles como capitalización bursátil, rentabilidad por dividendos u otras métricas prácticas que le ayudarán a decidir.

7.   No pierda su energía en tratar de atrapar el fondo absoluto de cualquier cotización de acciones, ni debe tratar de permanecer en una operación hasta que se agote en la parte superior. Mantenga su enfoque en el crecimiento de su patrimonio neto y salga cuando sepa que será para su beneficio.

8. No se rinda ante el FOMO, ni ante el miedo de perderse. Considere cada operación como una experiencia de aprendizaje y aproveche las que puede y olvídese de las que no puede.

9. Para empezar, elija una sola cepa y estudie los resultados a lo largo del tiempo.

10. Utilice los gráficos de operaciones para tener una idea clara del mercado y de los movimientos de las acciones.

11. Siga adelante con su plan hasta que obtenga los resultados deseados.

Elegir acciones que se ajusten a su personalidad

Nos sentimos naturalmente atraídos por aquellas cosas que entendemos mejor. Si tiene veintitantos años y ha pasado sus años formativos jugando muchos videojuegos, tiene una mente rápida y sabes cómo mantenerte enfocado, la inversión a corto plazo puede ser la mejor estrategia para usted.

Por otro lado, si usted está cerca de la edad de jubilación, es lento en la toma de decisiones, y le gusta mirar las cosas desde todos los ángulos, entonces tal vez el comercio diario sería una mejor opción. Si su objetivo es generar un poco de ingresos adicionales de un mes al siguiente, entonces el comercio de dividendos podría ser su mejor opción.

Cualquiera que sea el estilo de inversión que elija, piénselo bien. Es muy importante que entienda la volatilidad de las acciones, los movimientos de precios y el rendimiento esperado.

Administre su riesgo

Cada opción de inversión tiene su propio nivel de riesgo. Su objetivo es preservar su capital y gestionar ese riesgo con cada decisión que tome. Incluso si usted sufre pérdidas, usted quiere estar seguro de que tiene suficiente capital para mantener algo en juego.

Cada inversión que usted elija debe ser una experiencia educativa. Tómese el tiempo para analizar y calcular los costos, esforzándose por tomar una decisión informada.

No lo complique demasiado

Manténgalo lo más simple posible. Cada acción tiene su propio conjunto de hábitos y movimientos; cuanto más comprenda estos hábitos, más fácil será anticiparse a cómo se mueve y tomar decisiones en consecuencia. Una vez que se sienta cómodo con un caldo, añada otro y repita el proceso. Si usted continúa con este patrón, es menos probable que se encuentre en una situación en la que no pueda desenvolverse.

¿Qué es un plan de inversión?

Básicamente, es un plan de cómo invertir en el mercado de valores. Dicta sus acciones para que no tome decisiones impulsivas que puedan poner en riesgo su capital. Aquí hay un ejemplo de un plan de Day Trading con el que puede empezar hasta que se moje los pies:

1. Negocie una acción a la vez
2. Cuando esté familiarizado con esa acción, invertiré en una segunda.
3. Opere solo dentro del rango de precios de $20-$40

4. Acciones comerciales que tienen un volumen promedio de 30 días que oscila entre un mínimo de 1 millón de acciones y un máximo de 2 millones
5. El stock debe tener un grado medio de volatilidad.
6. No se negocian acciones de biotecnología
7. Maximizaré mi cartera en cinco acciones
8. Estudiaré el rendimiento de cada una de las acciones durante múltiples períodos de tiempo cada noche.
9. Seguiré a S&P Futures

He aquí un ejemplo de un plan para el comercio swing

1. Seleccione hasta 50 acciones para el comercio
2. Invierta en uno a la vez
3. Cuando me sienta cómodo y familiarizado con uno, entonces agregaré otro.
4. El precio será de $25 o más
5. Las acciones tendrán un volumen promedio de 30 días de 500,000 acciones al día o más.
6. Elegiré 25 para una larga lista de vigilancia

a. Cada uno tendrá ingresos y ganancias crecientes
b. Tendrán una fuerza relativa alta en sus sectores líderes
c. Estarán por encima de la media móvil de 200
d. Deberían estar siguiendo a S&P Futures

7. Elegiré 25 para mi lista corta de vigilancia

a. Éstos tendrán ingresos y ganancias decrecientes
b. Tendrán una fuerza relativa baja en los sectores líderes
c. Se desempeñarán por debajo de la media móvil de 200
d. Deberían estar siguiendo a S&P Futures

8. Estudiaré la señal estocástica

Las 5 mejores estrategias bursátiles de todos los tiempos

Una vez que haya decidido en qué compañía invertir, probablemente esté ansioso por empezar a ganar dinero. Usted necesita una estrategia que dicte cómo quiere invertir. Existen cinco estrategias diferentes para invertir en acciones, y vale la pena comprender un poco sobre cada una de ellas para ayudarlo a determinar cómo va a invertir su dinero.

Comercio en general: Usted se está anticipando a los movimientos del mercado en general, buscando promedios que le den una idea de su dirección.

Negociación selectiva: El comercio selectivo significa que usted escogerá las acciones que espera que tengan un mejor rendimiento que el mercado general en el transcurso del próximo año.

Comprar Bajo Vender Alto: Entra en el mercado cuando los precios están en un nivel extremadamente bajo. Si usted elige bien y la acción se recupera, usted puede hacer una pequeña ganancia bastante ordenada.

Selección de tirón largo: Elija los negocios que espera que prosperen a largo plazo y le irá mejor que al negocio promedio dentro de su industria.

Compras a precio de ganga: Elegir acciones que usted sabe que se están vendiendo por debajo de su valor de mercado.

Su enfoque de inversión no debe basarse en impulsos, sino que debe pensarse racionalmente y luego aplicarse con disciplina deliberada. De esta manera, no tendrá que preocuparse por cada cambio que vea en el mercado, sino que se sentirá cómodo con sus decisiones y podrá entender los movimientos cuando ocurran.

8 peores errores de inversión que debe evitar

Cuando haces las cosas deliberadamente, te estás protegiendo a ti mismo y a tus finanzas. Sin embargo, los nuevos inversionistas a menudo ceden ante el fuerte impulso de arriesgarse con esa inversión arriesgada. Ese y varios otros errores son a menudo la causa de importantes pérdidas financieras en el mercado. Aprender a evitarlos puede hacer una gran diferencia en la rapidez con la que construye su cartera y lo pone en el camino correcto hacia mayores ganancias.

1. *Invertir antes de que usted entienda.* Si usted no está bien familiarizado en una industria, debe evitar esas acciones. Esfuércese por entender el modelo de negocio y cómo planea aumentar sus beneficios. Siempre esfuércese por tener una idea clara de hacia dónde se dirige el negocio y cómo planea llegar allí antes de comprometerse.

2. *Permitir que su amor por una compañía supere su buen juicio.* A veces nos enamoramos de una compañía a la que le va muy bien en el mercado. Nunca olvides que tu meta no es apoyar a una compañía que amas, sino ganar dinero. Si bien las acciones pueden estar funcionando bien, sus fundamentos pueden cambiar en cualquier momento, así que siempre manténgase al tanto de lo que sucede con sus acciones y eventos que podrían afectarlo. Nunca ames tanto una acción que no puedas venderla.

3. *No ejercer la paciencia.* Siempre es prudente tener paciencia a la hora de invertir; el movimiento lento y deliberado a menudo da mejores resultados que las ráfagas rápidas que llegan a la cima. Sus expectativas

deben ser realistas para que no se desanime cuando las cosas no suceden rápidamente.

4.   *Saltar dentro y fuera de los negocios con demasiada frecuencia.* Mientras que usted puede hacer un beneficio aquí y allá, las operaciones frecuentes incurren en honorarios frecuentes que normalmente se comerán cualquier beneficio que usted haga. Agregue a eso los impuestos que tendrá que pagar más tarde, y fácilmente podría terminar perdiendo una gran cantidad de dinero en lugar de aumentar sus ganancias.

5.   *Tratar de cronometrar el mercado.* Es más probable que sus posibilidades de éxito se vean afectadas por la toma de decisiones informadas que por el intento de llegar al mercado en un momento específico.

6.   *Tratar de vengarse.* Si usted experimenta una pérdida en el mercado, es mejor alejarse en lugar de esperar una oportunidad para recuperar su dinero. Aferrarse a las acciones puede hacer que pierda aún más dinero a medida que el precio sigue bajando. Es mejor conservar al menos parte de su inversión vendiendo su posición y reinvirtiendo lo que queda en una opción más estable.

7.   *No Diversificar.* Siempre invierta en más de una industria. Esto distribuye su exposición sobre una amplia gama de posibilidades y protege sus activos. Trate de asignar fondos a todos los sectores principales y evite gastar más del 10% de su cartera en un solo activo.

8.   *Tomar Decisiones Emocionales.* Mantenga la calma y deje que su lógica gobierne sus decisiones. Mantenga su enfoque en los resultados a largo plazo y en los promedios. Le mantendrá cuerdo en este negocio y le impedirá tomar decisiones apresuradas que podrían costarle a largo plazo.

9.   **Crear un Plan de Acción.** Nunca intente vencer al mercado, pero siempre trabaje hacia sus metas personales. Sea realista sobre sus

expectativas y evite saltar a una acción que hace promesas que usted sabe que son demasiado buenas para ser verdad.

10.   **Hacer su plan automático.** Una vez que usted ponga su plan en acción, siga agregando a él. La construcción de su inversión debe continuar durante toda su vida.

11.   **Aprovechar sus ganancias.** No hay nada de malo en sacar un poco de su dinero de la parte superior para disfrutar ahora mismo, hoy. Tal vez al final del año, usted puede tomar el 5% de sus ganancias para un poco de diversión. Esto le dará el incentivo para seguir avanzando hacia sus objetivos y hacer crecer su cartera.

Sin duda, usted cometerá errores cuando invierta en el mercado de valores. Acostúmbrate a ello. Es una parte importante de la inversión. Sin embargo, puede minimizar el número de errores que comete siguiendo estas pautas básicas. Ellos le ayudarán a convertirse en un mejor inversionista con el tiempo. Al tomar decisiones basadas en hechos y datos reales y no en emociones, usted estará un paso por delante de cualquier otro nuevo inversor que entre en el mercado.

Capítulo 4: Acciones de dividendos

¿Cómo se sentiría si pudiera tener un flujo constante de ingresos sin tener que mover un dedo para trabajar? La mayoría de nosotros hemos soñado con que esto ocurriera, pero algunos han sido capaces de encontrarlo a través de las acciones de dividendos. Cuando usted invierte en acciones de dividendos, esencialmente está construyendo un ingreso continuo que durará mientras la compañía en la que invierte siga siendo rentable.

Sin embargo, antes de depositar todo su dinero en estas acciones, necesita saber cómo funciona el sistema de dividendos. Cómo se pagan los dividendos y los diferentes tipos de dividendos que puede elegir. Probablemente usted entre en esta arena sabiendo que los dividendos se pagan en diferentes acciones, pero entender cómo encontrar y capitalizar los dividendos en efectivo, dividendos de acciones y dividendos de propiedad puede hacer toda la diferencia en el rendimiento de sus inversiones. Aquí hay algunos consejos básicos que le ayudarán a entrar en este tipo de oportunidad de inversión sin cometer errores costosos en el camino.

Cuando una compañía paga dividendos

No todas las compañías que obtienen beneficios pagan dividendos. Algunos optan por conservar sus ganancias y luego reinvertirlas nuevamente en el negocio, ya sea reduciendo su deuda o expandiendo sus operaciones. Las compañías que pagan dividendos están literalmente compartiendo un porcentaje de sus ganancias con sus accionistas. Aquellos que eligen invertir en acciones de dividendos generalmente tienen el objetivo final de usar esos pagos regulares para mantenerse a sí mismos.

Antes de pagar un dividendo, primero debe ser aprobado por la Junta Directiva de la compañía. Si la compañía paga mensualmente, entonces deben tener aprobación cada mes. Una vez que se aprueba el dividendo, hay tres fechas que un inversionista necesita saber.

Fecha de declaración: fecha en la que la compañía hace público el anuncio de su decisión de pagar un dividendo.

Fecha ex-dividendo: la fecha en que se toma la decisión de quién será pagado. Cualquier accionista registrado en esa fecha recibirá un dividendo por cada acción que posea.

Fecha de pago: Es la fecha en que el dividendo se distribuye realmente a los accionistas. La mayoría de los dividendos se pagan trimestralmente, pero hay varios que se pagan mensual, semestral o anualmente también.

Visitar sitios como Dividend.com le dirá con qué frecuencia se pagan dividendos por cada acción y cuánto. Por ejemplo, si usted ve que una compañía está pagando $1.00/acción cada trimestre, significa que los inversionistas están recibiendo $.25/acción cuatro veces al año, no $1 cuatro veces al año.

Diferentes tipos de dividendos

La forma más común de pago de dividendos son los dividendos en efectivo. Estos se pagan directamente de los beneficios generados durante un período de tiempo. Hay varios tipos diferentes de dividendos en efectivo. Si usted es dueño de acciones preferentes, entonces la compañía debe hacer esos pagos de dividendos primero a los accionistas preferentes, antes de que cualquier pago sea pagado a los accionistas comunes. Los dividendos de las acciones preferentes se fijan automáticamente, pero los dividendos de las acciones ordinarias pueden cambiarse, suspenderse o incluso detenerse por completo según el criterio de la Junta Directiva.

1. ***Dividendos de propiedad.*** Algunas compañías prefieren dar propiedades en lugar de dinero en efectivo a sus accionistas. La propiedad puede adoptar cualquier forma dependiendo de los holdings de la compañía. Un dividendo de propiedad podría ser cualquier cosa, desde lápices hasta oro, pasando por coches y aderezos para ensaladas. Se registran a su valor de mercado en la fecha de la declaración.

2. ***Dividendos especiales.*** Ocasionalmente, una compañía puede elegir hacer un dividendo especial por varias razones. Por lo general, se trata de distribuciones únicas que siguen a un gran éxito en el negocio. Tal vez ganaron un litigio importante en los tribunales, vendieron una parte del negocio o liquidaron con éxito una inversión. Estos dividendos especiales pueden ser en efectivo, acciones adicionales de la compañía o propiedades.

3. ***Dividendos en acciones.*** Los dividendos en acciones son cuando un inversionista recibe acciones adicionales de la compañía en lugar de una distribución en efectivo. Hay varias razones por las que una compañía puede optar por emitir acciones de esta manera. Es posible que no tengan suficiente efectivo disponible para pagar un dividendo en efectivo, o que estén tratando de diluir el valor de las acciones para alentar a más inversionistas a comenzar a operar. Bajar el precio es un excelente incentivo para invertir. Con más acciones en el mercado, el valor por acción disminuye. Es mucho más fácil para los inversionistas pagar por una acción de $10 que una de $100.

4. ***División de acciones.*** Una división de acciones es muy similar a un dividendo en acciones. Una compañía puede optar por duplicar, triplicar o cuadruplicar el número de acciones en circulación. Con una subdivisión de

acciones, el valor de cada acción se reduce, pero cada inversor sigue teniendo el mismo valor total de su inversión. Si poseía 100 acciones a $ 100 cada una y la compañía ofrece una división de acciones de 2-1, ahora posee 200 acciones a $ 50 cada una.

Si la inversión en dividendos es adecuada para usted o no, depende de sus objetivos. Cuando una compañía decide que va a pagar dividendos, una de las primeras cosas que considera es su capacidad para reinvertir el efectivo que tiene a mano a un tipo de interés más alto que el que podrían tener los accionistas. Por ejemplo, si una compañía en la que usted está invirtiendo está ganando el 25% de su capital y no tiene ninguna deuda sobre su cabeza, la gerencia podría decidir retener todas sus ganancias confiando en que el inversionista no encontrará otra compañía que sea capaz de aportar esa cantidad de retorno.

Desde la perspectiva del inversionista, es posible que usted solo esté interesado en invertir en esa compañía por el dividendo para cubrir sus gastos de subsistencia. Este tipo de inversionistas no están necesariamente interesados en el valor real de las acciones, sino en si usted podrá o no pagar sus cuentas con los dividendos que gane.

La relación de pagos

El índice de pago es el porcentaje del ingreso neto que una compañía paga como dividendo. Es importante entender esta relación a la hora de elegir las acciones en las que invertir. Este porcentaje le da el crecimiento proyectado de una compañía y lo que puede esperar de ella en el futuro.

Para calcular el índice de pago, consulte el estado de flujo de efectivo de la compañía. Por ejemplo, si el estado de cuenta de una compañía dice que pagó $2,166 mil millones en dividendos a los accionistas y su estado de resultados dice que tuvo un ingreso neto de $4,347 mil millones, usted podría calcular la proporción usando la siguiente fórmula.

2.166.000.000 de dólares de dividendos

4.347.000.000 de dólares de ingresos netos

La respuesta del 49,8% da una cifra bastante reveladora. Muestra que la compañía pagó casi la mitad de sus beneficios netos a los accionistas a lo largo del año.

La rentabilidad por dividendo

Otro cuadro que verá cuando busque el historial de dividendos de una compañía es el rendimiento de dividendos. Esto le indica cuánto está ganando en relación con el precio de una acción ordinaria al precio de mercado actual. Cuando usted compra una acción que tiene un alto rendimiento de dividendos, puede generar una buena fuente de ingresos.

Para calcular la rentabilidad por dividendo, divida el dividendo anual por el precio actual de la acción. Por lo tanto, si invirtiera en Starbucks hoy, su rendimiento de dividendos se calcularía de la siguiente manera.

$1.44/94.16 = 1.53%

Dividendos y sus impuestos

Los dividendos se gravan a una tasa más baja que los impuestos regulares sobre la renta. Algunos dividendos denominados "dividendos cualificados" pueden estar sujetos a un tipo impositivo más elevado, en consonancia con un impuesto sobre las plusvalías. Para evitar caer en esta trampa, para que sus dividendos ganados sean incluidos en esa categoría de impuestos de tasa más baja, usted debe mantener las acciones por un mínimo de 60 días.

Elegir acciones que paguen altos dividendos

Al elegir invertir en acciones de dividendos, usted quiere encontrar aquellas que paguen los dividendos más altos. Hay miles de acciones que pagan dividendos, por lo que debe tener cuidado al examinarlas detenidamente. Busque aquellas compañías que tienen una historia de dividendos en constante aumento durante al menos veinte años. Analice el historial de la compañía hasta que esté seguro de que está en condiciones de continuar esta tendencia en un futuro previsible.

Tenga en cuenta que la capacidad de una compañía para pagar dividendos está directamente relacionada con su flujo de caja. Usted busca estabilidad. Una compañía puede reportar una pérdida neta y aun así tener un flujo de caja saludable. Si una compañía está reduciendo sus dividendos, puede apostar a que va a perder algo de estabilidad a medida que los inversionistas empiezan a retirarse. No reducirán su pago por un problema que esperan que sea solo temporal. Por otro lado, una compañía que aumenta sus dividendos solo lo hará si el negocio es capaz de mantener la tasa más alta durante un período de tiempo prolongado.

DRIPS

A medida que comienza a ganar dividendos, la cantidad de dinero que recibe puede parecer minúscula en el mejor de los casos, pero eso está bien. A menos que necesite un flujo saludable de efectivo, puede invertir ese dinero en la compra de más acciones a través de un Plan de Reinversión de Dividendos (Dividend Reinvestment Plan, DRIP).

Cuando se inscriba en un plan DRIP, ya no recibirá pagos de dividendos, pero el dinero se utilizará automáticamente para comprar acciones adicionales de la misma acción. Hay varias razones por las que usted querría hacer esto:

- Las pequeñas ganancias se reinvertirán automáticamente.
- La mayoría de los planes DRIPS tienen comisiones mínimas o nulas
- Se le permite comprar acciones fraccionarias, lo que con el tiempo puede aumentar su patrimonio de manera significativa.

- Usted puede dividir su plan de recompra de dividendos, de modo que todavía recibe algún pago en efectivo mientras que el resto del dinero se destina a la compra de acciones adicionales.

Recuerde, por cada acción que compre, el pago de dividendos que reciba aumentará, pero con DRIPS, usted no pondrá más de su capital de trabajo en la cuenta, y la inversión comenzará a pagarse por sí misma.

Piense en cómo esto podría funcionar para su beneficio. Imagínese poseer 1.000 acciones de una compañía valoradas en 49 dólares por acción. El dividendo anual es de 1,50 por acción pagada trimestralmente. Usted recibiría un pago trimestral de .375 por cada acción o $375.00. Usted podría recibir todo ese dinero cada trimestre sin problemas, pero si no necesita el dinero en efectivo para cubrir los gastos de subsistencia, entonces podría inscribirse en DRIPS y reinvertirlo todo (o parte de él) para comprar acciones adicionales de las mismas acciones. $375 podrían comprarte otras 7 acciones. La próxima vez que se deba un pago de dividendos, sus ingresos se habrían movido de $375 a $377.62.

Si usted continúa repitiendo este patrón durante los próximos 10 a 20 años, podría ver cómo esto aumentaría sus ganancias sin tener que poner otra moneda de diez centavos en el bote. DRIPS se está dando un aumento.

Cómo encontrar las mejores acciones de dividendos para su cartera

Con el fin de generar suficientes ingresos por dividendos, la mayoría de la gente invierte en acciones con altos dividendos. Cuando usted toma buenas decisiones y contribuye consistentemente a su cartera, puede generar un ingreso bastante pasivo del que puede vivir durante sus últimos años. Los inversionistas más exitosos construyen una cartera basada en pagos de dividendos más altos.

Hay varias maneras de encontrar estas poblaciones, pero hay que tener cuidado. A menudo, el análisis de la rentabilidad de los dividendos puede ser engañoso, por lo que siempre hay que ser consciente de una posible trampa de dividendos. Usted necesita encontrar esas existencias de dividendos altos y aun así obtener algún tipo de protección contra riesgos potenciales donde los dividendos podrían reducirse o eliminarse.

- El índice de pago no debe exceder el 70%, lo que significa que la compañía está reteniendo un mínimo del 30% de sus ganancias para reinvertir.
- Busque compañías con una buena flexibilidad de precios. De esta manera, pueden subir sus precios si la tasa de inflación se vuelve demasiado alta. Esto mantiene el dinero fluyendo en su cuenta bancaria, incluso si la economía no es estable.
- Observe la relación entre la deuda y el capital de la compañía. Debe ser del 50% o menos. Esto le indica que hay un valor neto de $1 por cada $1 de deuda que la compañía tiene.
- La relación precio-beneficio debe ser de 15 o menos, lo que puede proporcionar cierta protección en caso de que el dividendo se reduzca por alguna razón.

No cometa estos 10 errores de inversión de dividendos

Comprar acciones de dividendos puede ser complicado. Si bien el potencial de ganancia es grande, usted puede fácilmente caer en enormes trampas si no es cuidadoso en su búsqueda. No se apresure a tomar una decisión. Aun así, con un poco de conocimiento usted puede evitar muchos de los errores que a menudo se asocian con este tipo de inversiones.

1. *No confíes en un consejo caliente.* No importa cuánto confíes en la persona que te lo da, una propina es solo una propina. Usted puede confiar en la sinceridad de alguien, pero haga que sea una regla verificar siempre la

información que recibe. Por lo menos, debería consultar los estados de cuenta de la compañía en los últimos dos años y consultar los números usted mismo. Mira bajo el capó, patea las llantas y así sucesivamente. Compruebe si alguien de dentro está comprando acciones o, si es posible, hable directamente con alguien de la compañía que pueda saber lo que está en línea para el futuro.

2. *Haga el trabajo.* Sí, hacer la investigación puede ser un verdadero dolor, pero al final valdrá la pena. Siempre haga los deberes. Esto le ayudará a evitar que se involucre demasiado emocionalmente en una acción potencial. Cuando usted entiende lo que está comprando y sabe cómo se está administrando la compañía, es menos probable que tome una decisión impulsiva de la que se arrepienta más adelante. Si el mercado se hunde, usted sabrá exactamente por qué y ya tiene un plan de respaldo para reducir sus pérdidas.

3. *No compre/venda solo por el dividendo.* No compre las acciones solo para obtener el dividendo y luego véndalo inmediatamente después. Perderá dinero. Sí, usted cobrará el dividendo según lo prometido, pero en la mayoría de los casos, el precio de la acción bajará considerablemente después del pago. En el mejor de los casos, usted puede esperar alcanzar el punto de equilibrio. Los inversionistas rara vez ganan dinero en este tipo de operaciones, y mucho de lo que usted gana se lo comerán con honorarios y comisiones.

4. *Mire más allá del rendimiento.* El hecho de que una acción tenga un alto rendimiento no siempre significa que no esté en problemas. No se deje cegar por un alto rendimiento para convencerse de que una acción vale la pena. Algunas compañías que tienen un bajo rendimiento son mucho más estables y confiables que aquellas con una historia volátil y un alto rendimiento. Siempre mire el panorama general antes de tomar una decisión. Usted quiere saber por qué el rendimiento es alto. ¿Se debe a que paga altos dividendos o a la baja cotización de sus acciones?

5. ***Mire hacia el futuro.*** Cuando se investiga una acción, se observa su historia o su situación actual. Esto es importante porque le da una imagen en tiempo real de lo que puede esperar de la compañía. Su objetivo es generar un ingreso pasivo en el que pueda confiar en años posteriores, por lo que también necesita saber qué esperar en el futuro.

Si usted es inteligente, observará la historia de la compañía para ver qué tan bien se ha desempeñado en el pasado y usará esa información para proyectarse hacia el futuro. Si históricamente han aumentado los dividendos periódicamente en el pasado, podría ser razonable creer que continuarán esa tendencia, especialmente si las cifras se ven bien. Esté atento a cualquier noticia que pueda tener un impacto en el desarrollo de la compañía u otros asuntos que no sean fácilmente aparentes.

6. ***Manténgase siempre alerta en el mercado.*** No asuma que debido a que usted ha invertido en una compañía que tiene una historia sólida, buenos números, y que ha golpeado todas sus marcas, que usted debe dejar todo correr. Incluso las grandes compañías estables se derrumbarán algún día. De los miles de compañías que estaban en la Bolsa de Nueva York hace 100 años, quedan menos de dos docenas. Eso significa que incluso los conglomerados masivos del pasado se han estrellado y quemado un día. Manténgase siempre atento al mercado. Es la única manera de proteger su inversión.

7. ***La compra de una acción basada únicamente en el precio.*** Hay una gran diferencia entre el precio de una acción y su valor real. Tienes que entender esta diferencia. El hecho de que una acción tenga un precio bajo y parezca más asequible no garantiza que sea un buen negocio. Comprar basado puramente en el precio no es invertir, es simplemente apostar, lo que no produce el tipo de resultados que usted necesita para crear una cartera.

8. ***Mantener una acción durante demasiado tiempo.*** Cuando una acción tiene un rendimiento deficiente, deshágase de ella. Esa acción no es tu amigo, no es alguien a quien le debes nada. Si el precio está cayendo en picada y no hay indicios de que se vaya a recuperar en un futuro cercano,

esperar a vender es casi una garantía de que va a perder. Deshazte de él, no dejes que las emociones dicten lo que debes hacer; hay miles de otras opciones que te harán ganar dinero. Si las acciones se recuperan más tarde, siempre puede volver a comprarlas.

9. *No olvide sus impuestos.* Con demasiada frecuencia, los inversionistas se ven envueltos en sus ganancias y no dan cuenta de la deuda que tienen con el Tío Sam. Cada vez que gane dinero, habrá que pagar impuestos. Independientemente de la herramienta de inversión que utilice, si no está seguro de sus obligaciones tributarias, hable con un contador de impuestos y manténgase seguro. Usted debe hacer esto cada año, porque las leyes de impuestos cambian con frecuencia. Deberá ajustar su plan de inversión para asegurarse de que sus ganancias sean más que suficientes para mantener a raya al IRS.

10. *Tome a los medios de comunicación demasiado en serio.* Cuando empiece a investigar diferentes acciones, habrá un flujo interminable de informes de los medios de comunicación, analistas financieros y opiniones sobre lo que es una acción buena o mala. Muchos de ellos tienen muy buena información que considerar, pero no siempre tienen razón. El valor de su información es tan bueno como sus recursos. Ninguna fuente es 100% confiable. Siempre haga su mejor esfuerzo para verificar cualquier información que reciba, especialmente si no la obtiene directamente de la propia empresa.

Elegir las mejores acciones de alto dividendo no es ciencia de cohetes, pero puede hacerte sentir como si estuvieras navegando por uno de los cráteres de la luna. Hay tantas áreas oscuras en las que puede meterse en problemas que deberá tener mucho cuidado de no caer en ninguna de las trampas que atrapan a tantos inversionistas novatos.

Lo que necesita saber sobre las tasas de impuestos sobre dividendos

A medida que sus ganancias empiezan a llegar, es importante mantener todo en perspectiva. Por mucho que te gustaría pensar eso, todo ese dinero no es tuyo. Como siempre, el Tío Sam está sentado en la banda esperando su parte. Una vez que empiece a cobrar dividendos, tendrá que apartar algunas de esas ganancias para mantenerlo apaciguado.

La mayoría de los dividendos se pagan en efectivo, pero dependiendo de dónde decida colocar sus inversiones, también puede recibirlos en forma de acciones adicionales, opciones sobre acciones, propiedades, servicios u opciones. Independientemente del instrumento en el que invierta, se considera una ganancia, y usted debe reclamarla en sus impuestos sobre la renta.

Dividendos Ordinarios vs. Dividendos Calificados

Hay dos tipos diferentes de dividendos que usted podría estar recibiendo. Los dividendos ordinarios son los que se reciben de los beneficios de una compañía. La cantidad que usted recibe generalmente se basa en el tipo de acciones que usted tiene. Las acciones preferentes pagan más que las inversiones en acciones ordinarias, pero cualquier dividendo recibido de una acción preferente seguirá considerándose un dividendo ordinario a menos que se estipule lo contrario.

Los dividendos calificados cumplen con los requisitos del IRS para los impuestos sobre las ganancias de capital, que se gravan a una tasa más alta que los dividendos ordinarios. Dependiendo de su nivel de impuestos, usted puede esperar pagar desde nada hasta un 20% de sus ingresos.

Según las leyes fiscales vigentes, debe declarar todos los ingresos por dividendos recibidos, aunque sean de escasa cuantía. Si usted recibió más de $10 de cualquier compañía, tendrá que presentar un Formulario 1099-DIV declarando la cantidad exacta que recibió. Si los dividendos que recibió provienen de un fideicomiso, patrimonio o una corporación S, también debe presentar un Anexo K-1, el cual determinará el porcentaje de dividendos sobre el cual debe pagar impuestos.

Usted debe recibir automáticamente los formularios requeridos que debe presentar de la compañía, pero si por alguna razón no lo hace, usted todavía está obligado a reportar los ingresos en su declaración de impuestos. Incluso si usted no recibe un pago real de esos dividendos, el IRS todavía los ve como ingresos gravables. Por lo tanto, incluso si los reinvierte en la compra de más acciones, se le exige que lo declare ingreso.

Cómo reportar dividendos

Usted puede reportar sus ingresos de dividendos en su 1040 From regular. Si sus ingresos totales recibidos ascienden a más de $1,500 o si algunos de los dividendos que recibe son como nominados para otra persona, entonces también debe presentar un formulario del Anexo B.

La emoción de ver su dinero trabajando para usted puede ser realmente sorprendente, pero para asegurarse de que los éxitos que recibe no se vean afectados por los problemas con el IRS, siempre tómese el tiempo para presentar sus ingresos correctamente. De esta manera, usted puede disfrutar realmente del dinero que gana sin reservación.

Capítulo 5: Comercio diario

Si la inversión de dividendos es un poco demasiado lenta para usted, una manera más rápida de generar nuevo efectivo es con el comercio diario.

¿Qué es el Comercio Diario?

El Comercio diario funciona de la misma manera que la inversión regular en el mercado de valores, pero todas sus transacciones se completan en un solo día. En esencia, usted compra y vende antes del cierre del día de negociación. Los operadores que realizan este tipo de operaciones son considerados especuladores, una forma de operar que conlleva riesgos mucho mayores.

Una de las razones para cerrar durante un solo día es para proteger las ganancias que los inversionistas podrían haber recibido a lo largo del día de negociación. Una vez que el mercado se cierra, pueden ocurrir eventos que podrían invertir la tendencia y ser incapaces de manejar las cosas. Una caída en los precios puede ocurrir fácilmente después del cierre de un día y antes de la apertura del siguiente y con esa caída, gran parte de sus ganancias podrían ir con ella. Sin embargo, al vender su posición antes del cierre del día, usted asegura las ganancias que ha obtenido y así reduce sus riesgos.

Las operaciones del día se pueden hacer en cualquier mercado, pero son más comúnmente realizadas en los mercados de valores o de comercio exterior. Los inversionistas dependen en gran medida del apalancamiento para estas estrategias de negociación a corto plazo, centrándose en hacer su dinero en movimientos de precios aparentemente insignificantes.

Como operador de día, tendrá que mantenerse al tanto de cualquier acontecimiento noticioso que pueda tener un impacto en las operaciones que está realizando. Esta estrategia se denomina "trading the news", en la que se responde a las estadísticas económicas, a los movimientos de los tipos de interés o a los beneficios de compañía. Este tipo de eventos están sujetos a la psicología del mercado, y los inversionistas reaccionarán con movimientos rápidos pero significativos. Los operadores diarios anticipan estos movimientos y los aprovechan para capitalizar sus ganancias.

Mientras que el riesgo puede ser muy alto, la atracción del comercio de día es el potencial para obtener ganancias sorprendentemente rápidas e impresionantes. Sin embargo, para obtenerlos, usted necesita ser un tomador de decisiones rápido, disciplinado y lo suficientemente diligente como para hacer la investigación necesaria para mejorar sus probabilidades de éxito.

Hay muchas razones por las que usted desee probar suerte en el comercio diario.

- Puede beneficiarse cuando el precio está subiendo y cuando está bajando
- Obtiene un margen adicional y puede utilizar el apalancamiento y los movimientos rápidos en el mercado para capitalizar las ganancias.
- Si bien la investigación es necesaria, no es necesaria una investigación detallada de los fundamentos de una empresa. Está aprovechando pequeñas fluctuaciones para no necesitar estrategias de inversión a largo plazo.
- Gana dinero rápidamente.

Estas son solo algunas de las ventajas de entrar en el comercio de día. Si usted piensa que tiene la fortaleza y es un pensador rápido, entonces el siguiente paso es elegir una acción y empezar a operar.

Cómo empezar a operar en el día

Operar durante el día suena bastante simple, pero definitivamente hay una curva de aprendizaje. La selección de las mejores acciones para negociar es solo el principio. Los comerciantes más exitosos se han vuelto muy hábiles en la aplicación de lo que ellos llaman la "Regla de las Tres P", la Planificación, la Práctica y la Paciencia.

Planificación. Definitivamente necesitará un plan de operaciones para empezar. Desarrolle un mapa personal para ayudarle a navegar en sus operaciones. Usted está entrando en un mercado altamente volátil y las cosas se moverán rápidamente. Si no estás preparado, perderás tus notas y terminarás perdiendo más dinero del que ganarás.

Práctica. No lo hará bien la primera vez que salga por la puerta. Podría ser mejor practicar con una de las plataformas de operaciones en línea que le permiten probar sus teorías antes de poner dinero en el juego. Cuanta más práctica tenga, mejor podrá predecir cuándo ocurrirán muchos de estos movimientos volátiles. Si no lo haces bien, no dejes que eso te desanime. Algunos de los operadores de día más experimentados se lo pierden de vez en cuando. Sigue intentándolo hasta que llegues a tu ritmo.

Paciencia. Una vez que tenga un buen plan de operaciones y comience, experimentará algunos altibajos. Necesitas paciencia suficiente para mantener tu plan hasta el final.

Un operador de día sabe cuándo, qué y cómo operar cada acción antes de entrar en el mercado. Para hacer eso, usted necesita entender cómo usar la volatilidad a su favor.

La volatilidad está directamente relacionada con la actividad de los operadores a corto plazo y refleja la dispersión de los rendimientos de una acción en el índice de mercado. Se puede determinar por la diferencia entre los máximos y mínimos de una acción para un día dado y luego dividirla por el precio real para el mismo día. Pero la fluctuación del precio es solo un factor que mide la volatilidad. Por ejemplo, una acción con un precio de $50 que fluctúa tanto como $5 en un solo día se considera mucho más volátil que una acción de $150 que también fluctúa en el rango de $5. Es el porcentaje del movimiento que también influye en su volatilidad.

Los mejores operadores de día buscan operar con las acciones más volátiles. Es el medio más eficiente para ganar dinero rápidamente. Estas acciones tienden a ofrecer el mejor potencial de ganancias, pero vienen con su propio nivel de riesgo. Si usted está intentando probar suerte con uno de estos, necesita dos cosas:

1. Dónde encontrar las acciones más volátiles para negociar
2. Cómo intercambiarlos con indicadores técnicos

La mejor manera de encontrar una acción volátil es ejecutar una pantalla de acciones a través de una plataforma como stockfetcher.com. Estos sitios usan filtros para rastrear los stocks más activos. Por ejemplo, puede seleccionar acciones que se mueven en promedio un 5% o más entre la apertura y el cierre en cada uno de los últimos 100 días. También puede filtrar por cotizaciones bursátiles.

Para una búsqueda más intensiva, otra plataforma que puede utilizar es Finviz.com. Su versión gratuita le dará una lista de los mejores ganadores y perdedores del mercado cada día. También tiene la opción de filtrar más los resultados, buscando detalles sobre la capitalización bursátil, el volumen y el rendimiento. Usted puede ser muy específico en el tipo de filtros que utiliza, de modo que puede terminar con una lista de acciones que cumplen con parámetros muy exigentes.

Nasdaq.com también enumera los mayores ganadores y perdedores del mercado, pero sus resultados no son filtrados por volatilidad. En cambio, obtendrá una lista de acciones que tienen el potencial de ser volátiles. Necesitará examinar manualmente la lista para ver qué acciones tienen la posibilidad de volverse volátiles en un día de operaciones.

Ahora, la cuestión de cómo comerciar con ellos. Cuando haya elegido sus acciones y esté listo para realizar una operación, debe tener paciencia y esperar el momento preciso para entrar en el mercado. Una de las mayores ventajas que tendrá es algo llamado "sesgo direccional". Es entonces cuando se observarán indicadores específicos que le dirán en qué sentido se está moviendo el precio. Siempre debe observar la acción del precio para determinar si el precio está subiendo o bajando en comparación con las olas anteriores.

El oscilador estocástico. Otra herramienta útil que puede utilizar es el oscilador estocástico para predecir acciones volátiles. Esto filtra las acciones que pueden no tener una tendencia muy clara. Incluso cuando una acción es volátil, puede caer en un rango antes de despegar en cualquier dirección. Un solo movimiento puede cambiar las cosas rápidamente, así que lo mejor es esperar hasta que usted reciba la confirmación de que un precio se va a revertir de una manera u otra.

En tales casos, es posible que el precio no tenga una dirección clara, sino que simplemente se esté moviendo hacia un lado durante un tiempo. La mejor estrategia de inversión es esperar hasta que el precio se mueva por encima de 80 y luego vuelva a caer. Eso es cuando usted vende cerca o en la parte superior de su gama. Puede colocar su parada directamente encima del nuevo máximo y su objetivo al 75% del rango total. Por lo tanto, si el rango tiene un máximo de $1, coloque su objetivo en $0.25 sobre el mínimo.

En la parte inferior, puede establecer una posición larga si el estocástico cae por debajo de 20 y comienza a subir por encima de ella. Coloque su parada debajo de la nueva baja y su objetivo debería subir un 75% desde abajo. Una vez más, si el rango tiene un máximo de $1, el objetivo puede ser de $0.25 por debajo del máximo.

Con el oscilador estocástico, realice sus operaciones cuando alcancen los 80 y más para tendencias alcistas y 20 o menos cuando estén en tendencia bajista. Sin embargo, tendrás que moverte rápidamente. Si está realmente en una tendencia, incluso un retraso de un minuto podría alejar demasiado el precio de su objetivo para hacer cualquier operación que valga la pena.

Cuando usted está en una operación, ignore las señales que puedan decir lo contrario de lo que usted cree. Dejemos que el intercambio siga adelante. Llegará al objetivo o se detendrá.

Las acciones volátiles son una gran manera de ganar dinero rápido si usted tiene el estómago para ello. Si puede identificar con éxito una tendencia, tendrá acceso a beneficios aún mayores. Simplemente siga el sesgo direccional para ayudarle a tomar su decisión.

Tenga en cuenta que el hecho de que una acción sea volátil no significa necesariamente que vaya a tener una tendencia. Los precios pueden moverse de un lado a otro durante largos períodos de tiempo. Cuando usted ve que el estocástico alcanza la marca 80 o 20 y luego retrocede, es una indicación de una buena oportunidad para entrar en el comercio.

Estrategias del Comercio Diario

No hay secretos duros y rápidos para el éxito de las operaciones diarias. Aunque puede ser extremadamente lucrativo, está lleno de baches que podrían costarle tanto o más dinero del que puede ganar. El secreto es desarrollar un plan bien pensado que pueda seguir al pie de la letra. El problema con esto es que la mayoría de los novatos no entienden completamente el juego, ni tienen idea de cómo crear tal plan. Estos son solo algunos consejos que pueden ayudarle a desarrollar un buen plan de operaciones para lanzarlo al mercado.

1. ***Nunca deje de aprender.*** Cuantos más conocimientos tenga, menos probabilidades tendrá de cometer un error costoso. Cuando usted realice operaciones diarias, necesita estar al tanto de todas las últimas noticias del

mercado. Usted quiere saber cualquier cosa que pueda suceder que pueda tener un impacto en las acciones en las que está invirtiendo. Nunca se retracte de hacer el trabajo adicional, al final dará sus frutos. Esto es aún más importante cuando las noticias están directamente relacionadas con las acciones en las que está planeando invertir.

2. *Tenga un fondo de inversión listo.* Sepa exactamente cuánto dinero está dispuesto y es capaz de poner en riesgo por cada operación que planee realizar. En promedio, los operadores de día suelen invertir aproximadamente entre el 1% y el 2% de su cartera en operaciones de día. Un poco del medio por ciento. Una vez que conozca esa cantidad, divídala en las acciones en las que esté dispuesto a invertir, pero sepa que siempre existe un riesgo, por lo que nunca debe pagar más de lo que puede perder.

3. *Asegúrese de tener tiempo.* El comercio diario lleva tiempo. Debido a que usted tendrá que estar constantemente vigilando los movimientos del mercado, podría consumir un día entero. Si no tiene tiempo para dedicarse al proceso, es mejor que encuentre otras maneras de invertir su dinero.

4. *Comience de a poco.* No intente abordar demasiadas acciones a la vez. Cuando empiezas, necesitas sentir el mercado. Comience con una sola acción y cuando gane su confianza, auméntela a dos. Algunos incluso empiezan más pequeños que eso con la compra de acciones fraccionarias en lugar de una sola acción entera. Algunos corredores, como Stockpile, le permitirán comprar un pequeño porcentaje de una acción, para que pueda invertir en acciones de mayor precio sin poner en riesgo una gran cantidad de dinero.

5. *Manténgase alejado de Penny Stocks.* La tendencia de los recién llegados es buscar las acciones más baratas del mercado. Las acciones de Penny son aquellas que generalmente tienen un precio de $5 o menos por acción. En la superficie, esto parece una gran acción para empezar, pero las acciones de centavos son cuestionables en el mejor de los casos. Las posibilidades de obtener una ganancia inesperada de ellos son mínimas. La

mayoría de las acciones que cotizan por debajo de 5 dólares por acción a menudo han caído a la lista de Penny Stock porque han sido excluidas de las principales bolsas de valores y ya están en problemas. A menos que usted vea señales muy claras de una inversión, su mejor apuesta es mantenerse alejado de estas ofertas aparentemente buenas.

6. **El tiempo lo es todo.** Aprenda el calendario del mercado para que sepa cuándo es el momento de entrar en él. Por ejemplo, muchos inversionistas pueden hacer un pedido durante la noche para el siguiente día hábil. Esto significa que tan pronto como el mercado se abra, esas órdenes se ejecutarán de manera que usted verá mucho movimiento durante las primeras horas de operación, pero eso no siempre es una imagen clara del movimiento del mercado. Por lo general, el medio día es el menos volátil, ya que la actividad aumenta a medida que se acerca la campana de cierre.

7. **Aproveche las Órdenes de Límite.** Las órdenes de mercado se colocan al mejor precio ofrecido en ese momento específico. No son necesariamente el mejor precio para usted. Las órdenes limitadas, sin embargo, garantizan que el orden solo se cumplirá al precio que usted fije. Si el precio que ha fijado no está disponible, la orden no se ejecutará. Las órdenes limitadas le dan la oportunidad de hacer un pedido y saber exactamente el precio que pagará.

8. **Sea realista.** Nadie ganará todo el tiempo, pero eso no significa que no pueda obtener ganancias. Su objetivo es ganar más dinero del que pierde. Si usted mantiene sus límites dentro de un porcentaje establecido de su cuenta y planifica su entrada y salidas en consecuencia, entonces tiene una buena oportunidad de obtener más ganancias que pérdidas, pero tendrá que atenerse a su plan y seguir adelante con él.

9. **Nunca pierdas la calma.** Habrá esos días en los que no tendrás ni idea de lo que está haciendo el mercado. En esos días, mantenga sus emociones a raya. Siempre tome decisiones basadas en una lógica y un razonamiento claros, incluso si el mercado no tiene ningún sentido en este momento.

10. ***Nunca se desvíe de su plan.*** Cuando se trata de operaciones de día, las decisiones deben tomarse con rapidez. Eso puede ser muy difícil si no has hecho tu tarea. El precio podría catapultarse completamente fuera de su alcance mientras usted está tratando de entender las cosas. Por eso es tan importante hacer los deberes antes de entrar en el mercado, para saber el punto exacto de entrada y salida. Crear un plan de antemano y confiar en él como guía es el secreto para el éxito del comercio diario. No importa lo que digan los números, no les permitas que te atraigan a perseguir ganancias, sino que asegúrate de seguir el mantra del operador del día - *Planifica tu operación e intercambia tu plan.*

Tomar una decisión

Ahora que ha hecho una lista de las acciones que son ganadores potenciales, tiene que decidir cuál comprar. Un operador diurno normalmente tiene en cuenta tres factores:

- **Liquidez.** Cuando una acción es líquida, usted tiene espacio para entrar y salir a un buen precio. Busque márgenes estrechos entre la oferta y el precio de venta, o un precio bajo de deslizamiento. La diferencia entre lo que uno esperaría pagar por una acción y su precio real.

- **Volatilidad:** El rango de precios esperado dentro de un solo día de negociación. Cuanto más volátil sea el precio, mayor será la posibilidad de obtener ganancias (o pérdidas).

- **Volumen.** Cuántas veces se ha comprado y vendido una acción en particular dentro de un período de tiempo determinado. Cuando usted ve un aumento en el volumen de una acción, hay un mayor interés, y usted puede esperar algún tipo de salto en el precio.

Una vez que haya decidido qué acciones comprar y que su plan esté listo para entrar al mercado, usted necesita decidir cuándo vender. Idealmente, usted quiere desea vender cuando el precio alcanza su objetivo, pero ese no es el único momento en que puede salir.

- Scalping: vender tan pronto como se obtiene una ganancia.
- Desvanecimiento: vender después de que el precio haya subido rápidamente.
- Pivotes: venta al precio más alto del día.
- Momentum: venta después de comunicados de prensa o tendencias.

Si usted encuentra que el interés en las acciones está comenzando a disminuir, no debe dudar en venderlas. Debe prestar la misma atención a la salida de su negocio que la que presta para entrar en él. Recuerde, debe ser lo suficientemente específico como para saber cuándo ejecutarlo sin mucha deliberación.

Gráficos

Otra forma de determinar cuándo entrar en el mercado es leyendo los patrones de los gráficos. Los patrones de velas pueden ocupar un libro entero por sí solos. Proporcionan una gran variedad de formas de buscar un punto de entrada. Sin embargo, uno de los más comunes es el patrón de inversión doji.

1. Encuentre un pico de volumen, que muestre si los operadores están apoyando este nivel de precios.
2. Encuentre el soporte para ese precio. Puede ser el mínimo o el máximo del día anterior.
3. Encuentra la situación de nivel 2, que muestra todos los pedidos pendientes para esa acción.

Siguiendo estos pasos básicos, usted debería ser capaz de anticipar cuándo un precio se volverá y ofrecerá posiciones más favorables.

Órdenes Stop-Loss

Las órdenes de Stop-loss están destinadas a gestionar sus pérdidas. El pedido puede colocarse en una posición baja o por encima de un máximo reciente para venderlo automáticamente cuando el precio llegue a ese punto. Usar esto te protegerá de perderlo todo si el negocio no sale como quieres.

El Comercio diario es, en el mejor de los casos, complicado. No es algo en lo que puedas entrar a ciegas y esperar ganar. Se necesita habilidad, perspicacia y disciplina. Con el tiempo, con suficiente práctica y determinación, hay una gran probabilidad de que usted tenga éxito.

Capítulo 6: Inversión inmobiliaria

El sector inmobiliario abre una gran cantidad de oportunidades que uno puede aportar a una gran fortuna con las herramientas adecuadas. A diferencia de la inversión en el mercado de valores, los principios detrás de los bienes raíces son bastante sencillos. Pero eso no significa que será fácil cuando intentes ponerlos en acción.

Hay tres formas de ganar dinero con bienes raíces.

- Aumentar el valor de la propiedad
- Alquileres
- Invertir en negocios que dependen de bienes raíces

De hecho, las tres opciones mencionadas anteriormente son las formas más comunes de generar un ingreso pasivo agradable de la propiedad que usted posee. Al aprender solo unas cuantas estrategias básicas para implementarlas, usted podría estar bien encaminado hacia la libertad financiera.

Aumentar el valor de su propiedad

No importa lo que haga con su propiedad, las influencias externas pueden tener un impacto negativo en su valor. Cada década más o menos, parece haber ocasiones en las que se espera que la tasa de inflación se extienda más allá de la tasa de deuda a largo plazo en ese momento. Cuando eso sucede, usted encontrará más personas dispuestas a extenderse pidiendo dinero prestado para financiar la compra de una propiedad importante. Luego se sientan y esperan a que la tasa de inflación vuelva a subir. Cuando lo hace, pueden pagar su hipoteca con un valor más bajo en dólares.

La clave es cronometrar el mercado a la perfección. Usted necesita saber cómo mirar un proyecto, analizar su precio y tiempo, y decidir si será capaz de crear un buen ingreso que será suficiente para soportar una valoración más alta de lo que es actualmente evidente.

Hacer dinero de la propiedad de alquiler

Si bien la propiedad de alquiler no siempre es tan pasiva como parece, cobrar el alquiler es tan simple que cualquiera puede hacerlo. Si usted es propietario de cualquier tipo de propiedad, puede simplemente alquilarla a cualquier persona que desee utilizarla. Ni siquiera importa qué tipo de propiedad sea; podría ser una casa, un apartamento o una tierra de cultivo. El dinero que obtienes de su uso puede ser muy lucrativo.

Como propietario de la propiedad, será su responsabilidad asegurarse de que la propiedad se mantenga en condiciones utilizables. Esto significa que usted tendrá que estar siempre alerta en las reparaciones, supervisión y manejo de los aspectos negativos de los inquilinos indeseables. Usted tendrá que estar asegurado contra robo u otros peligros y ser proactivo sobre las posibles preocupaciones que puedan surgir en relación con su propiedad.

La buena noticia, sin embargo, es que, si usted es un propietario inteligente, hay maneras de manejar todas esas cosas y aun así obtener una ganancia ordenada. Hay herramientas que se han diseñado que pueden hacer la gestión de la propiedad mucho más fácil de lo que ha sido en años. Una de ellas es una relación financiera especial, la tasa de capitalización. Para entender esta tasa y cómo funciona, considere esta situación.

Si usted es dueño de una propiedad que está ganando $100,00/año y su precio está fijado en $1,000,000, usted podría aplicar esta fórmula dividiendo las ganancias por el valor de la casa para obtener la tasa de capitalización.

$100,000 / $1,000,000 = 0.1 o 10%.

Usted podría ganar inmediatamente el 10% de su inversión si elige pagar en efectivo por la compra.

Usted puede pensar en esto de la misma manera que piensa en las acciones. El valor de cualquier propiedad inmobiliaria se basa en el valor actual neto del efectivo que genera para el propietario y el flujo de caja que genera en relación con el precio pagado por su compra. En esencia, los ingresos por alquiler pueden convertirse en una cobertura para protegerlo durante los colapsos económicos y financieros.

Por supuesto, no todos los bienes raíces son iguales; algunos serán más adecuados para generar ingresos de alquiler mientras que otros no lo son. Cuando usted hace una compra al precio correcto, pero también en el momento adecuado, y puede encontrar el inquilino adecuado para llenar el espacio, no tiene por qué temer un colapso de bienes raíces. Usted estará recolectando un flujo constante de cheques de alquiler que lo llevarán a través del proceso. Sin embargo, si no lo planeas todo bien, podrías encontrarte cobrando alquileres que están muy por debajo del mercado y estar atascado en ese desagüe hasta que el mercado se recupere.

Invertir en negocios que dependen de los bienes raíces

Hay muchos negocios que dependen en gran medida de los bienes raíces. Muchos de ellos, como los hoteles, ofrecen servicios especiales al público. Otros propietarios proporcionan espacio de oficina para los negocios, y están los que pueden tomar un campo vacío y proporcionar aparcamientos útiles para los que conducen a la zona. Lavaderos de autos, máquinas expendedoras, agricultura, y más, la lista es interminable.

El truco para entrar en este mercado tan lucrativo es aprender lo suficiente para empezar, pero no tanto como para sentirse abrumado. La mayoría de los nuevos inversionistas aprenden a través de un proceso de prueba y error. En este proceso, suelen cometer errores costosos que pueden llevarlos a arrepentirse. Sin embargo, un plan que le ayudará a evitar tales errores y a encaminarse hacia un ingreso pasivo puede ahorrarle un mundo de tiempo y frustración.

Empiece a invertir paso a paso

Los pasos que se enumeran a continuación le ayudarán a dar sus primeros pasos en el mercado de bienes raíces. Una vez que esté seguro de que puede llevarlos a cabo, utilícelos como una lista de verificación para asegurarse de que no se pierda nada crucial que pueda costarle más adelante.

Identifique dónde se encuentra financieramente

El sector inmobiliario es probablemente la forma más rápida de alcanzar la independencia financiera. Por lo general, es la meta que todo el mundo se esfuerza por alcanzar. Es una de las mejores maneras de generar suficientes ingresos para mantenerte financieramente. Pero para llegar a ese punto, usted tiene que estar en una buena posición financiera; necesita suficientes ahorros para empezar a rodar la bola.

Si después de analizar su situación financiera, todavía no está allí, hay cosas que puede hacer para llegar más rápido.

Hay cinco etapas fundamentales de riqueza:

Etapa 1: Estado de Supervivencia - donde usted está ganando suficiente dinero para sobrevivir. Esta es la etapa en la que usted comienza a pagar sus deudas y obtener alivio de sus cargas financieras.

Etapa 2: Estado de estabilidad - sus finanzas no están empeorando y usted está logrando pagar sus cuentas, y lo poco que le queda puede empezar a ahorrar.

Etapa 3: Estado de ahorro - usted puede pagar todas sus cuentas y tener un poco de dinero sobrante para construir un pequeño nido de ahorros.

Etapa 4: Estado de crecimiento - En este punto, sus ahorros se están convirtiendo en una suma ordenada que usted puede considerar seriamente invertir. Sus ahorros ahora deberían estar generando suficiente interés para que valga la pena notarlo. Si está reinvirtiendo esas ganancias, está empezando a conseguir que su dinero trabaje para usted.

Etapa 5: Ingresos - ahora está en una posición en la que el dinero que ha reservado puede generar ingresos para usted.

Es importante que entienda su situación financiera. Algunas estrategias inmobiliarias que discutiremos más adelante serán más apropiadas para ciertas etapas que para otras.

Elija su estrategia de inversión

Si bien la inversión inmobiliaria es bastante simple, aún necesita un plan de negocios. No tiene que ser detallado, pero usted necesita tener una idea clara de lo que va a hacer. Elija una sola estrategia que le ayudará a pasar de la etapa con la que está comenzando al siguiente nivel. Asegúrese de incorporar algo de flexibilidad en su plan para que no se vea desbaratado por eventos inesperados. Aquí están algunas ideas para empezar.

- Arrendar una casa grande y subalquilar habitaciones a los inquilinos para cubrir sus gastos.
- Ofrezca encontrar buenas ofertas para otros inversionistas inmobiliarios por una tarifa
- Ayude a los compradores a encontrar propiedades para invertir, aprendiendo los entresijos de los bienes raíces en el proceso.
- Ayude a los propietarios a encontrar buenos inquilinos para sus espacios vacíos.
- Conviértase en un administrador/superintendente de edificios para otros inversionistas de bienes raíces

Estas estrategias funcionan bien para aquellos que se encuentran en el **estado de supervivencia o estabilidad**. Cualquiera de estas estrategias le permitirá generar ingresos adicionales sin tener que desembolsar una gran suma de dinero en el proceso. Al mismo tiempo, aprenderá todo sobre la industria sin tener que dedicar más tiempo a tomar clases o estudiar las últimas pólizas. Será como si me pagaran por aprender.

Comience a reducir sus gastos

Si se encuentra en la etapa de **ahorro**, puede hacer todas las cosas en las etapas anteriores, pero también puede agregar algunos pasos más al proceso. Por un lado, usted debe comenzar a reducir los gastos de su hogar.

- Use los ingresos adicionales para pagar su hipoteca para que pueda eliminar su pago mensual.

- Cambie tu casa mientras vives en ella. Cuando lo vende, usted crea ahorros libres de impuestos que puede usar para invertir en otras propiedades.

• Compre una casa que necesite reparaciones significativas, múdate mientras la arregla y luego réntela a un precio más alto más tarde.

• Conviértase en un mayorista de bienes raíces, que básicamente cobra una comisión por hacer coincidir el trato con el inversor adecuado. Esto funciona muy bien para aquellos que pueden estar interesados en voltear una casa en malas condiciones o que planean usarla para alguna otra compra rentable. Los propietarios de viviendas que están en peligro de ejecución hipotecaria son más propensos a ser favorables a tal acuerdo porque les permite salir de la situación sin tener que perderlo todo.

Si usted está en la etapa de **crecimiento**, está listo para hacer crecer su patrimonio neto en algo mucho más grande. Este es el escenario perfecto para saltar a los bienes raíces. Hay varias maneras de hacerlo:

• Invertir casas: esto le permite generar grandes sumas de efectivo para reinvertir en otras ganancias.

• Use sus ahorros para pagar todo el dinero en efectivo por la propiedad.

• Pida prestado de varias propiedades diferentes que ya posee y luego pague rápidamente una a la vez.

• Compre tres propiedades, pero venda o alquile dos. El dinero del alquiler puede pagar sus gastos de manutención el día 3.

• Haga un intercambio de propiedades. Bajo el intercambio de propiedades libre de impuestos del IRS, usted puede usar el Formulario 1031 para posponer el pago de impuestos sobre cualquier propiedad que usted venda si puede reemplazarla con una propiedad similar. Hace posible que usted empiece de a poco y luego haga crecer su portafolio sin tener que enfrentar el impacto negativo de pagar impuestos federales con cada propiedad que compre. El proceso se vería así:

o   Usted necesita suficiente dinero en efectivo para el pago inicial y los costos de cierre.
o   Comprar una propiedad de alquiler básica
o   Alquilar la propiedad y ahorrar una parte del alquiler durante unos años
o   Vender la propiedad
o   Use el formulario 1031 para comprar otra propiedad más grande con un descuento
o   Repetir

Use su cuenta de jubilación para comprar una propiedad en alquiler

Al utilizar sus cuentas de jubilación libres de impuestos para invertir en bienes raíces, usted puede obtener muchos más ingresos para invertir y evitar el pago de fuertes impuestos por su compra. Las cuentas autodirigidas como IRAs, ROTH IRAs, 401Ks le permiten invertir esos fondos en bienes raíces y diferir los impuestos sobre la renta que de otra manera habría pagado.

Maximice sus ingresos utilizando el capital existente en sus inversiones

Si ya está en la etapa de ingresos, puede maximizar los ingresos que está generando mediante la venta de propiedades de baja calidad y la compra de propiedades mejores. Usted podría refinanciar cualquiera de sus deudas existentes y cambiarlas por préstamos fijos de bajo interés y ahorrar aún más dinero.

Estas son solo algunas sugerencias para las estrategias de inversión en bienes raíces. Probablemente uno de ellos sea más atractivo para ti que otros. Tal vez usted tiene ideas propias que le gustaría considerar. El punto principal es que usted tiene que empezar con un plan viable y viable para tener éxito en bienes raíces.

Cómo seleccionar un mercado objetivo

Su próximo paso sería elegir un mercado objetivo. Cualquier mercado que elija tendrá un impacto directo en el tipo de efectivo que puede generar. La mayoría de las personas prefieren elegir un mercado que esté cerca de su hogar. Es más eficiente y menos estresante que invertir en propiedades que están fuera de su alcance físico.

Esto no significa que no pueda invertir en propiedades lejanas; definitivamente es posible, pero necesita sopesar los costos. Cualquiera que sea el mercado que elija, debe evaluar el potencial cuidadosamente.

También necesita hacer un buen análisis de mercado del área que le interesa. Estudiar la región en cuanto a oportunidades de empleo, precios de alquiler y crecimiento potencial de la población. Revise el área para lo siguiente:

- ¿Es conveniente el área?
- Peatonal
- Crimen
- Escuelas
- Transporte público
- Leyes locales
- Impuestos
- HOA
- Etc.

Con los criterios anteriores, usted puede determinar si será capaz de trabajar con su mercado objetivo o si necesita encontrar otro lugar. Comience su examen con el área metropolitana más grande y luego reduzca gradualmente la investigación a áreas más pequeñas para determinar la mejor ubicación.

1.   Identifique sus criterios para las inversiones inmobiliarias

Determine lo que usted piensa que es una buena inversión. Escriba usted mismo un perfil de inversión que pueda mostrar a otros. Esto podría ser usado para generar posibles pistas de propiedades que usted quiera buscar. Esta lista podría incluir ubicaciones de propiedades, precios o un nicho específico.

Su perfil también debe tener una proyección de la cantidad de alquiler que puede cobrar por una propiedad. Puede que quieras empezar con una propiedad básica para mojarte los pies. Elige algo en lo que puedas vivir por el momento y luego crece a partir de ahí.

Usted puede encontrar la mejor tierra, la casa más perfecta, al precio ideal, pero si está en un lugar pobre, es posible que no pueda revenderla/alquilarla o, si lo hace, que no pueda obtener mucho beneficio de ella.

Cuando encuentre lo que está buscando, aunque todo parezca correcto, investigue un poco y revise los listados cercanos en el área. Usted obtendrá una imagen bastante buena de lo que las propiedades similares se están vendiendo para que pueda hacer proyecciones precisas acerca de sus beneficios potenciales.

Incluso si usted sabe que está comprando una reparación, es importante que inspeccione la propiedad. No dude en hacer preguntas. Usted necesita saber cuánto va a necesitar para poner en la propiedad y aun así poder obtener una ganancia.

Por último, asegúrese de que existe una buena posibilidad de obtener beneficios antes de tomar medidas. No olvide calcular la tasa de interés de la hipoteca, los servicios públicos, los impuestos, el seguro, las reparaciones y el mantenimiento. Todo esto influirá en el éxito de su primera inversión.

No importa lo que hagas, si el trato no te parece correcto, no tengas miedo de irte. Aguantar las mejores ofertas va a ser uno de sus mejores secretos para el éxito.

2. Ponga en marcha su sistema de apoyo

Los bienes raíces se disfrutan mejor con otros. Si bien usted puede ser el único inversionista en un proyecto, aún necesitará un equipo de expertos a quien recurrir. Los contratistas, diseñadores, agentes inmobiliarios y asesores podrían ser solo el comienzo de su lista. Un buen equipo podría estar listo para tomar el relevo cuando ingresa a un área donde le falta conocimiento y experiencia.

3. Configure sus opciones de financiamiento

Dependiendo de su calificación crediticia y su situación financiera, sus opciones pueden variar. Aquí hay algunos recursos que puede aprovechar.

- Administración Federal de Vivienda
- Administración de Veteranos
- Préstamos de conformidad (Fannie Mae/Freddie Mac)
- Préstamos bancarios
- Préstamos de una gran cantidad de dinero
- Prestamistas privados
- Financiación del vendedor

Puede ser difícil elegir el prestamista adecuado, pero aquí es donde usted puede recurrir a los consejos de su equipo.

4.   *Prepare su pago inicial y los costos de cierre*

Mientras que usted puede lanzar su nuevo negocio con el dinero de otras personas, usted necesita tener algo de dinero propio para invertir. En la mayoría de los casos, se requiere un pago inicial para que la pelota empiece a rodar. Algunos pagos iniciales pueden ser tan pequeños como el 3% del precio de compra. Los costos de cierre también pueden variar. Incluso en las mejores ofertas, usted puede necesitar hasta $20,000 de su propio dinero en efectivo.

5.   *Comience a buscar ofertas*

Encontrar la propiedad correcta requiere mucho trabajo. Los buenos negocios no solo encontrarán misteriosamente su camino hacia usted, usted va a tener que empezar a mirar debajo de cada roca y a mirar en cada rincón y grieta antes de encontrar la propiedad que usted sabe que es la correcta.

Su presupuesto de marketing puede ser lanzado con prácticamente nada, pero si usted tiene algo de dinero para invertirlo, el proceso se vuelve mucho más fácil. Aquí están algunas ideas que han demostrado ser eficaces campañas de marketing.

o   ***Campaña gratuita:*** Encuentre un agente que esté de acuerdo en enviarle clientes potenciales basándose en su lista de expectativas.

o   ***Referencias y redes:*** Por un poco de dinero extra, puede hacer que le impriman tarjetas de visita o volantes con sus necesidades para que la gente pueda ponerse en contacto con usted cuando encuentre algo.

o   ***Conduzca o camine***: Acostúmbrese a visitar su vecindario objetivo en busca de posibles ofertas. Los letreros de Venta por Dueño pueden ser muy prometedores, pero también puede buscar casas que han estado vacías por mucho tiempo, que parecen necesitar reparación, o incluso que tienen letreros de alquiler publicados.

o   ***Mayoristas:*** Deje que los mayoristas de bienes raíces encuentren las ofertas por usted. Contacte con algunos de ellos y obtenga su lista de posibles propiedades.

Si tiene un poco de dinero extra para gastar:

o   **Inicie una campaña de correo directo:** Cree sus propias cartas o postales para enviar a los propietarios en su mercado objetivo. Usted puede encontrar los nombres y direcciones pagando a una compañía de la lista. Algunas de estas listas pueden ser muy lucrativas:

- Propiedades de propietarios ausentes
- Propietarios de unidades múltiples
- Viviendas ocupadas por sus propietarios
- Desalojos recientes
- Impuestos morosos sobre la propiedad
- Listados de bienes raíces vencidos
- Propiedades de pre-ejecución hipotecaria y ejecución hipotecaria
- Venta de bienes y sucesiones

o   **Utilice su presencia en línea:** Utilice los medios sociales. Configure una página dedicada a sus planes de marketing inmobiliario en sitios como Facebook, LinkedIn, Twitter, etc. Crea una tarjeta de visita en línea para que la gente sepa lo que estás buscando.

o   **Señalización de carros y patios:** Invierta en letreros magnéticos o de vinilo para su automóvil o jardín.

o   **Publicidad:** La publicidad en línea o impresa puede llegar a áreas que son difíciles de alcanzar por su cuenta. Utilice recursos como Google Adwords y no descuide el marketing en periódicos, revistas y radio locales. Estos esfuerzos son un poco costosos, pero con la estrategia correcta, pueden obtener buenos resultados rápidamente.

6.   **Haga un horario**

Necesitará reservar tiempo para dedicarse a su compañía inmobiliaria. Sea realista con el tiempo que tiene para pasar. Establezca sus prioridades primero y luego comprométase con el horario que ha establecido.

10 características importantes de los bienes raíces rentables

Para garantizar que la propiedad que elija sea rentable, debe tener ciertas características. Incluso si se trata de un pecio y parece estar listo para la demolición, todavía hay ciertas cosas de las que debe estar seguro antes de que su inversión valga la pena. Aquí están las 10 características más importantes que cualquier propiedad debe tener.

Un buen vecindario

Una mirada al vecindario puede decirle mucho sobre el tipo de inquilinos que usted atraerá. Una ubicación cerca de una universidad atraerá a muchos estudiantes. Un lugar fuera del área urbana puede atraer a más familias con niños.

Impuestos sobre la propiedad

Todas las propiedades tienen impuestos que deben ser pagados. Usted necesita saber cuánto son y si los propietarios deben algún impuesto atrasado. Usted puede averiguar todo lo que necesita saber sobre los impuestos con una visita a la oficina de evaluación del condado o de la ciudad.

Sistema Escolar

Si va a alquilar a familias, necesitará saber algo sobre las escuelas en la comunidad. Pocas familias están dispuestas a comprar o alquilar una casa en una comunidad con escuelas deficientes.

Crimen

Consulte con el departamento de policía local o visite la biblioteca local para ver las últimas estadísticas de delitos en el vecindario. Preste especial atención a las cifras relacionadas con delitos menores, vandalismo y delincuentes graves.

Oportunidades de trabajo

Su mejor apuesta es encontrar propiedades en comunidades que están expandiendo su mercado laboral. Es más probable que atraigan a compradores e inquilinos a la zona. Averigüe sobre las disponibilidades de trabajo con la Oficina de Estadísticas Laborales de los Estados Unidos. Puede ser una gran ventaja si las grandes corporaciones se mudan a la zona. Este tipo de noticias a menudo resulta en el aumento del valor de las propiedades, ya que se necesitará más gente para ocupar esos nuevos puestos de trabajo.

Servicios del vecindario

¿Qué tiene que ofrecer el vecindario? Para los niños, debe haber parques, patios de recreo, cines, etc. Para los adultos, debe haber gimnasios, transporte público, restaurantes y otros lugares de entretenimiento.

Perspectivas para el futuro

El departamento de urbanismo debe tener información sobre las novedades que se propongan para la zona. Mucha construcción es una buena señal de que el futuro es prometedor. Sin embargo, esté atento a la forma en que esos desarrollos impactarían el valor de las propiedades.

Vacantes

Cuando hay muchas casas en alquiler o un número excesivo de propiedades en venta, podría ser una señal de que el área está en declive. A menudo, cuando los vecindarios están en declive, los propietarios se ven obligados a reducir los alquileres para mantener sus unidades ocupadas. Por otro lado, cuando solo hay unas pocas vacantes en la zona, se puede solicitar cómodamente más alquiler.

Renta promedio

Si usted está planeando alquilar, entonces usted necesita saber cuánto puede esperar obtener por una propiedad en el área. Usted quiere asegurarse de que el alquiler sea suficiente para cubrir los pagos de la hipoteca, los impuestos sobre la propiedad, el mantenimiento y otras formas de mantenimiento. Proyecte estos números en el futuro porque lo que puede ser asequible hoy, podría ser marcado fuera de su alcance en cinco años, lo que puede obligarlo a vender en un mercado desfavorable o a declararse en bancarrota más tarde.

Exposición a Desastres Naturales

No es algo en lo que la mayoría de la gente quiera pensar, pero la exposición a los desastres naturales puede tener un impacto negativo en sus ganancias potenciales. Ya sea que su casa esté en una zona de inundación, en una región de huracanes o en un área propensa a terremotos, le va a costar ya sea en reclamos de seguro o en reparaciones directas.

El mejor lugar para obtener información confiable es a través de las agencias gubernamentales, pero no se detenga ahí. La gente de la comunidad por lo general sabe todo lo que está pasando en el vecindario. Hable con los inquilinos y los propietarios por igual. Es más probable que los inquilinos le den una mejor imagen, ya que no tienen nada que perder. Ellos le dirán sobre cualquier cosa negativa que usted no haya pensado, pero los dueños de propiedades tendrán una perspectiva completamente diferente. Si tiene en cuenta estas características y sus expectativas son realistas, sabrá cuándo ha encontrado la propiedad adecuada.

Las 15 mejores estrategias de inversión inmobiliaria

Las estrategias que se enumeran a continuación tienen la intención de darle una idea de las diversas maneras en que usted puede generar sus propios ingresos.

- **Casas sin arreglar:** Encontrar propiedades que necesitan ser mejoradas, mejoradas o renovadas y luego revenderlas con fines de lucro.

- **Venta al por mayor:** Encontrar buenas ofertas en propiedades y luego revenderlas a un tercero por un cargo adicional.

- **Casas para alquilar:** Compre una propiedad de varias unidades y alquile las unidades adicionales. Por ejemplo, comprar una casa y alquilar el sótano, o comprar un dúplex y alquilar la unidad extra.

- **Inversión CRRRRRR:** Comprar-Remodelar-Renovar-Refinar-Repetir. Compre un reparador por debajo del valor de mercado, financie la propiedad y luego renueve. Refinancie con una hipoteca a largo plazo y luego saque su capital inicial para una nueva inversión.

- **La estrategia de alquiler de dinero en efectivo:** Compra de propiedades en efectivo. Cuando haya completado las renovaciones y lo haya alquilado, se quedará con la mayor parte del dinero recaudado y podrá invertir rápidamente en otra propiedad.

- **El plan de intercambio:** Usando el IRS 1031 libre de impuestos para comerciar progresivamente con propiedades más grandes y mejores.

- **Préstamos de una gran cantidad de dinero:** Otorgar préstamos a corto plazo a inversionistas que planean arreglar y voltear propiedades. Los préstamos como estos se dan generalmente con altas tasas de interés y cargos por adelantado, así que usted ganará una buena cantidad de dinero en efectivo en poco tiempo.

- **Inversión de Pagarés con Descuento:** Comprar deuda inmobiliaria con descuento.

- **Sindicaciones y Crowdfunding:** Poner en común su dinero con los inversionistas individuales para comprar la propiedad perfecta.

- **REIT:** Invertir en compañías que gestionan bienes inmuebles. REIT significa fideicomisos de inversión inmobiliaria. Usted puede comprar REITs en el mercado de valores, lo que le permite poseer una pequeña parte de los negocios de bienes raíces comerciales y ganar dividendos sobre las ganancias en el ínterin.

Los bienes raíces pueden ser un negocio bastante lucrativo, pero hay que ser inteligente al respecto. Hay muchas maneras de lograr la libertad financiera a través de los bienes raíces, y cada uno tiene sus propias ventajas y desventajas. Puede elegir una estrategia que funcione mejor para usted o hacer varias a la vez. Si uno no funciona bien para ti, entonces prueba otro hasta que encuentre su pareja perfecta.

Capítulo 7: Otras maneras de aumentar la riqueza

El camino hacia la libertad financiera puede llevarlo en muchas direcciones. La inversión en el mercado de valores y en bienes raíces son los puntos de entrada más conocidos para los nuevos inversionistas. Ofrecen la cantidad más baja de riesgo en el mundo de la inversión y le dan una mejor oportunidad de éxito en el mercado global.

Dicho esto, una vez que se haya mojado los pies y haya adquirido el gusto por el dinero pasivo, es posible que desee comenzar a invertir en otros instrumentos que podrían resultar aún más lucrativos para el inversor privado.

Cómo comenzar a invertir en fondos cotizados en bolsa (ETF)

Probablemente haya oído mencionar el término ETF en los informes financieros de las noticias y puede que no esté seguro de lo que realmente es. Usted sabe que tiene algo que ver con el mercado de valores, pero no está exactamente seguro de lo que hacen.

Los ETF o Fondos cotizados en bolsa son grupos de varias inversiones que se han reunido para formar una sola unidad. Estos fondos se pueden comprar en una bolsa al igual que las acciones con movimientos de precios similares.

Dentro de un ETF, usted encontrará muchos activos diferentes en lugar de una acción que solo será representativa de un solo activo. Debido a que una acción de un ETF cubre tantos activos, es una de las formas más fáciles de diversificar su cartera. Un ETF podría tener miles de acciones diferentes repartidas en varios sectores diferentes.

Dependiendo de las industrias en las que esté interesado, puede comprar diferentes tipos de ETFs

- Los ETF de bonos consisten en bonos gubernamentales, corporativos, estatales y municipales.
- Los ETF de la industria pueden ser compilados a partir de acciones de una industria específica como la banca, la agricultura o la tecnología.
- Los ETF de materias primas serían una colección de diferentes materias primas como el oro o el petróleo.
- Los ETF de divisas incluyen una selección de monedas extranjeras
- Los ETF inversos utilizan la estrategia de cortocircuitar varias acciones. La venta en corto es la estrategia de vender a un precio más alto y luego volver a comprarlos después de que el precio descienda.

El único en la lista, los ETF inversos, técnicamente no son fondos negociados en bolsa, sino que en realidad son notas negociadas en bolsa o ETN. Son bonos que se negocian en el mercado como una acción y que son depositados por un banco.

Compra y venta de ETF

Usted puede comprar ETF a través de un corredor. Usted tiene la opción de usar un broker-dealer tradicional o un broker en línea. También puede utilizar un robo-asesor, un sistema de inversión automatizado que utiliza ciertos algoritmos para ayudarle a crear su cartera.

Ventajas de los ETF

Como inversor, puede comprar o vender una amplia gama de estos valores con una sola transacción. Esto también le ahorra comisiones. Incluso puede encontrar algunos corredores que ofrecen operaciones sin comisiones en ETF, reduciendo aún más sus costes.

Además de ahorrar en comisiones, hay otras formas en que los ETF pueden ahorrarle dinero. Su funcionamiento y gestión son muy económicos. Debido a que están rastreando un índice, se maneja de manera más pasiva y requiere mucho menos tiempo para gobernar, y dado que están ampliamente diversificados, su nivel de riesgo es mucho menor.

Desventajas de los ETF

Hay algunos ETF que tienen comisiones más altas. Estos son los que generalmente se centran en una sola industria, por lo que su diversificación es extremadamente limitada. También hay algunos ETF que son gestionados activamente por gestores de carteras que se encargan de todas las operaciones de compra y venta. Éstos vienen con comisiones más altas para pagar las comisiones del gestor por la supervisión de los movimientos del fondo.

ETF sobre acciones indexadas

Estos fondos ofrecen a los inversionistas la opción de vender en corto, comprar con margen y adquirir tan solo una acción. Si decide invertir en ETF sobre acciones indexadas, esté atento a aquellos que puedan estar fuertemente concentrados en una sola industria o en un número limitado de acciones.

Dividendos: La mayoría de los ETF pagan dividendos en proporción a su inversión. Como resultado, puede esperar recibir pagos periódicos por las ganancias de los diferentes valores durante el tiempo que tenga el fondo. Si por alguna razón, el fondo se liquida, recibirá su parte de su valor residual.

Impuestos

También podrá ahorrar, ya que estos instrumentos son más eficientes desde el punto de vista fiscal que los fondos mutuos. Debido a que todas las operaciones se realizan a través de una bolsa de valores, no hay necesidad de redimir físicamente las acciones cada vez que se completa una transacción. Dado que el rescate de acciones puede desencadenar responsabilidades fiscales, la realización de todas las transacciones en el mercado de valores evita que se vea afectado por los impuestos cada vez que se produce una transacción.

Impacto en el mercado

Debido a la creciente popularidad de los ETF, se están creando más fondos. Esto puede no ser una buena noticia para algunos inversionistas, ya que significa menores volúmenes de negociación para muchos de ellos. A medida que más fondos entran en el mercado, puede ser más difícil comprar y vender a volúmenes tan bajos, lo que podría dejarlo atrapado en un instrumento sin salida.

Si decide invertir en ETF, asegúrese de seleccionar uno que pueda ayudarle a alcanzar sus objetivos. Usted debe sentirse seguro de que el fondo que elija le dará el tipo de exposición que necesita para aumentar sus ganancias. Asegúrese de que está tomando su decisión basándose en lo que funciona para usted y no en lo que otros esperan.

Comience a ganar dinero ahora con los préstamos de igual a igual

Otra forma de aumentar su riqueza y obtener libertad financiera es con préstamos de igual a igual. En el pasado, la única manera de obtener un préstamo para una compra importante era a través de una institución financiera. Ahora, usted puede convertirse en su propia institución de préstamos y cobrar intereses sobre el dinero que presta a otros. La mayoría de los préstamos entre iguales se utilizan por razones personales, como la consolidación de deudas o las mejoras de la vivienda.

Cómo funciona

Hacer un préstamo con préstamos de igual a igual es muy diferente de cómo se hacen con las instituciones financieras. Con un préstamo tradicional, el banco financiará el préstamo con fondos depositados de otros clientes. Por el contrario, los préstamos de par a par implican el emparejamiento de prestatarios e inversionistas a través de una plataforma de préstamos en línea. Como inversionista, usted decide qué préstamos quiere emitir y es libre de rechazar aquellos que no le interesan.

Hay varias plataformas de préstamos con las que puede trabajar. Algunos tienen restricciones sobre el tipo de personas que permiten hacer préstamos, pero hay algunos como LendingClub.com y Prosper.com que están abiertos a cualquier persona que quiera participar, siempre y cuando cumplan con los requisitos mínimos de depósito.

Los ingresos son generados por el cobro de intereses y cargos a los prestatarios. Algunos cargos, incluyendo cargos por originación, cargos por pago atrasado y otros, pueden llegar a ser de hasta el 6% del préstamo. Las tarifas y los intereses varían dependiendo de la plataforma que utilice, pero esté preparado para ver cómo se evapora parte de ese dinero cuando se reciben los pagos. La plataforma de préstamos le descontará un porcentaje de cada pago que haga por sí mismo antes de enviarle el saldo.

¿Por qué préstamos de igual a igual?

Para el inversionista, usted recibirá un mayor rendimiento de su dinero que si lo dejara en una cuenta de ahorros. Es una alternativa fácil de invertir que las acciones y los bonos. No se necesitan muchos conocimientos para empezar. Usted es literalmente libre de diversificar su cartera en cualquier dirección que desee. Y luego está la ventaja psicológica de saber que estás haciendo algo para contribuir al avance de la sociedad de muchas maneras diferentes.

Desventajas

A diferencia de las instituciones financieras, su dinero no está protegido por la FDIC. Por lo tanto, si un prestatario incumple con un préstamo, las posibilidades de recuperar su inversión son escasas o nulas. Además, no podrá cobrar su inversión si necesita que le devuelvan el dinero antes de que venza el préstamo. El plazo promedio de un préstamo oscila entre tres y cinco años, lo que le deja sin acceso a sus fondos durante al menos ese tiempo.

Debido a que se trata de un instrumento de inversión tan nuevo, no hay antecedentes ni historia a los que referirse. Cada día se establecen nuevas tendencias, por lo que no hay forma de saber si la industria seguirá siendo estable o no.

Es posible lograr grandes retornos (a veces de dos dígitos) con este tipo de préstamos, pero no permita que esas cifras lo distraigan de la realidad. Es una herramienta de inversión arriesgada, y siempre debe proceder con cautela.

Las 10 mejores estrategias para operar con criptomonedas

Lo más probable es que haya estado viviendo bajo una roca si aún no ha oído hablar de las criptomonedas. Esta nueva herramienta de inversión es considerada por muchos como el medio más prometedor para obtener cantidades masivas de dinero de manera extremadamente rápida. Hoy en día, hay probablemente cerca de 2.000 altcoins para elegir, y el número sigue creciendo.

Bitcoin, la primera y con mucho la más rentable de las criptomonedas, se ha introducido en la conciencia del mundo con una enorme subida de precios que pasó de un valor de centavos cuando se publicó por primera vez a su punto más alto de casi 20.000 dólares en diciembre de 2017. Pero con tantas opciones para elegir, un nuevo inversionista podría fácilmente sentirse abrumado.

Si bien las criptomonedas son probablemente las herramientas de inversión más riesgosas, no tiene por qué ser tan complicado. Si usted es lo suficientemente valiente como para arriesgarse a los movimientos de precios altamente volátiles y cree que su corazón puede aguantar las ondulaciones de las olas, aquí hay siete estrategias que pueden ayudarle a entrar en este mercado potencialmente lucrativo.

OCI

Las OIC u Ofertas Públicas Iniciales pueden ser muy impredecibles porque, al igual que las OPI del mercado de valores, se trata de monedas nuevas que apenas están empezando. Cuando usted compra un ICO, está literalmente entrando al principio de una nueva moneda. Esto significa que usted va a conseguir la moneda a un precio mucho más bajo de lo que será cuando sea lanzada al público. Esto lo pone automáticamente en línea para obtener mayores ganancias, a veces hasta un 2500% de su inversión inicial. Sin embargo, debido a que es una moneda completamente nueva, también existe un alto riesgo de que fracase y se lleve todo su dinero con ella. Debido a que no hay protección de seguro para los inversionistas de cryptocurrency, usted necesita hacer una gran cantidad de investigación para asegurarse de que el equipo detrás de la moneda tiene la experiencia suficiente para traer a su nuevo bebé a la vida.

- Comience revisando la lista de nuevas OCI en https://icoranker.com/ y revise las que le interesen.

- Busque el propósito de la moneda para determinar su oferta y demanda. Las monedas que están diseñadas para una población limitada pueden no funcionar bien, pero las monedas que tienen el potencial de ser útiles para una población grande pueden funcionar mucho mejor.

- Una vez que haya reducido su lista a varias opciones viables, estudie a los miembros del equipo. Quieres conocer su historia, sus antecedentes, su experiencia, y si pueden trabajar juntos para satisfacer las demandas de la misión.
- Trate de investigar un poco más para averiguar qué tipo de personas ya están invirtiendo en la moneda. Si tienen una buena comunidad de inversionistas que son optimistas acerca de sus perspectivas de futuro, entonces usted sabe que apoyarán la moneda y se quedarán con ella durante los tiempos de vacas flacas. Puede encontrar esta información visitando los distintos foros creados para cada moneda.

- ¿Cuál es el marco legal entre el equipo de desarrollo y otros colaboradores? Esta información se encuentra en el Libro Blanco de la moneda. Los términos y condiciones de la moneda deben presentarse en un formato claro y fácil de entender.

- Visite el sitio web y configure una cartera en custodia. Se le entregará una clave privada que podrá utilizar para vender sus ICO más adelante.

Si decide invertir en ICO, no se limite a uno solo. Es fácil para ellos fracasar, así que invierta en varios para aumentar sus posibilidades de éxito.

La mejor estrategia para las OCI es la estrategia de compra y retención. El precio fluctuará mucho, así que no entres en pánico. Guarde sus monedas hasta que vea por lo menos un 50% de retorno de su inversión antes de venderlas.

Acumulación de precios bajos

Después de que una moneda pasa la etapa de ICO, se une a los grandes en el mercado global. Al igual que con las acciones, usted quiere comprar las monedas cuando el precio es bajo y esperar a que suba en el precio. La mayoría de la gente entrará en pánico cuando el precio tome una caída significativa, pero los inversionistas experimentados en criptomonedas entienden que la volatilidad extrema es una característica de este tipo de inversión.

Innovaciones

Al aprovechar las innovaciones, puede reducir sus riesgos, pero debe reconocer cuándo estas innovaciones indican el inicio de una nueva tendencia. La clave de esta estrategia es encontrar el mejor momento para entrar en el mercado identificando las áreas de resistencia o apoyo que podrían romperse en las condiciones adecuadas. En estos escenarios, la moneda puede romper la resistencia hacia arriba o puede romper el soporte y empujar hacia abajo.

Promedio de costos en dólares

El promedio de costo en dólares le permite invertir una cantidad preestablecida de fondos en forma regular en cada moneda que desee comprar. Como resultado, en lugar de encontrar el precio más bajo o el más alto ya no es importante. En esencia, usted está promediando el costo total de sus monedas con cada pago. Si se realiza durante un período de meses, los precios generalmente son mucho más favorables que si realizara un solo pago grande.

Equilibrio

Un elemento clave en cualquier tipo de inversión es la diversificación. Para diversificar con éxito, necesita equilibrar su cartera. Esto significa invertir en varias criptomonedas diferentes al mismo tiempo. Cuando una moneda entra en una caída, todavía puedes estar ganando ganancias con otras monedas.

Desequilibrio

Con una estrategia desequilibrada, los inversionistas asignan un porcentaje fijo de sus fondos a las monedas en función de sus instintos acerca de lo bien que esperan que funcionen en el futuro. Las monedas que se espera que tengan un buen rendimiento reciben los porcentajes más altos, mientras que las que no se espera que tengan un buen rendimiento recibirán un porcentaje más bajo.

Ganancias obtenidas reinvertidas en otras monedas

Una vez que haya ganado un poco de dinero con algunas criptomonedas, puede empezar a diversificar aún más su cartera desviando algunas de sus ganancias e invirtiéndolas en nuevas monedas. Al retirar el 50% de sus ganancias de una moneda e invertirlo en monedas más exitosas, puede agravar su éxito.

7 aplicaciones imprescindibles para los inversionistas de hoy en día

Inversión En Libertad Financiera

Empezar a invertir en cualquier tipo de inversión puede ser complicado, incluso más para el nuevo inversor. Una manera de hacer las cosas más fáciles es contar con un poco de ayuda mientras navega por todos los peligros potenciales que enfrentará a medida que aprende.

En el pasado, este tipo de ayuda solo estaba disponible para los privilegiados. Ahora, cualquiera puede tener la información disponible para capitalizar su crecimiento. Con las aplicaciones adecuadas para guiarle, cualquiera puede tomar decisiones como un trader profesional. A continuación, se presentan siete de las aplicaciones más efectivas que todos los inversionistas deben tener a su disposición.

Stash

La aplicación Stash mobile es la aplicación de referencia para los inversionistas que buscan acceder a las mejores herramientas para el mercado financiero. Le permite comprar ETF y acciones de bajo coste directamente desde su dispositivo móvil.

El costo es de solo $1/mes, pero por ese bajo precio, usted obtiene su propia cuenta de inversión y se le permite hacer operaciones ilimitadas, educación gratuita y la capacidad de hacer compras fraccionadas de acciones más caras con pagos tan bajos como $5.

Vault

La aplicación Vault se centra en los inversionistas de más edad que están listos para jubilarse. Les permite abrir una cuenta de jubilación individual (IRA), una Roth IRA o una SEP IRA para aquellos que trabajan por cuenta propia. Los inversionistas pueden dirigir automáticamente una parte preestablecida de sus ingresos hacia el plan que elijan. Por lo tanto, incluso si usted no tiene un plan de jubilación con su compañía, puede comenzar a invertir por una baja cuota mensual de $1.

Personal Capital

Esta aplicación le ofrece actualizaciones periódicas y realiza un seguimiento de todas las inversiones de su cartera. Le ofrece una evaluación periódica del rendimiento de sus inversiones y sugerencias sobre la gestión de riesgos. Incluso es posible comprobar rápidamente para qué acciones está haciendo lo mejor en su cartera y cuáles necesita para hacer ajustes. Personal Capital también le ofrece una comparación de cómo el rendimiento de su cartera se compara con los principales índices del mercado.

Stockpile

Stockpile le permiten invertir en el mercado de valores en incrementos más pequeños. Usted puede comprar acciones fraccionarias de cientos de acciones diferentes por tan solo $5. Hay una pequeña comisión de $0.99/operación, la cual es nominal en comparación con otros servicios que pueden cobrar hasta $10.00.

Los padres u otros adultos pueden comenzar a sus hijos con una tarjeta de regalo por tan solo $20. La pequeña cantidad vale la pena a largo plazo, ya que hace que los jóvenes empiecen con el pie derecho a aprender a administrar el dinero desde el principio.

Wealthfront

Esta aplicación hace que sea fácil ahorrar dinero para la educación universitaria. Los usuarios obtienen una visión detallada de su situación financiera y pueden hacer inversiones diseñadas para ayudarles a apreciar su capital. Puede comenzar de a poco y construir a medida que avanza. Se le brindará asesoramiento en función de la cantidad de riesgo que desea tomar y sus objetivos financieros.

E-Trade

E-Trade puede parecer un poco más caro que algunas de las otras aplicaciones, pero con razón. La aplicación está diseñada para que la investigación y el comercio de acciones sea lo más fácil posible. Puede operar con acciones, ETF y fondos mutuos y obtener todos los datos necesarios en tiempo real. Incluso puede obtener ayuda de uno de sus especialistas en inversiones reales para construir su cartera de la mejor manera posible.

Robinhood

La aplicación Robinhood abre las puertas a nuevos inversionistas permitiéndoles realizar pequeñas operaciones, todas ellas sin comisiones. Esta es la aplicación perfecta si todavía estás un poco indeciso a la hora de invertir. Usted puede comprar acciones, opciones, ETF y criptomonedas sin comisiones. Su nueva característica, Robinhood Gold, le permite operar fuera de horario y le da una línea de crédito para que pueda hacer compras más grandes si califica. No hay mucho en términos de comercio, investigación o apoyo personal, pero la plataforma es lo suficientemente sencilla de usar y que puede vencer a un servicio sin cargo.

El mundo de las inversiones financieras está cambiando. Vivimos en una era digital en rápida evolución, y con más aplicaciones de este tipo disponibles, ahora es más fácil que nunca para los nuevos inversionistas subir al escenario y comerciar como un profesional.

Conclusión

Sin duda, usted ha descubierto mucha información aquí que despertará sueños e ideas para el cambio. Juntos, hemos aprendido a romper esas cadenas financieras para que usted pueda literalmente encontrar su oportunidad de ser libre.

Piensa en ello. No importa por dónde empiece, solo importa por dónde termine. Incluso si usted está tan endeudado que no puede ver la salida, es posible navegar por ese laberinto y encontrar su camino hacia la libertad.

Todo comienza con un cambio de opinión. Cuando puede romper esas cadenas mentales que pueden mantenerlo en una "zona de seguridad", entonces es libre de explorar oportunidades rentables a la vuelta de cada esquina. Las acciones, positivas o negativas, son el resultado de cómo vemos nuestro mundo. Si quiere cambiar sus circunstancias, empiece por cambiar de opinión.

Después de identificar el modo de pensar correcto, aprendimos cómo cambiar sus circunstancias actuales para que pueda tener una mejor base financiera. Descubrimos que presupuestar puede ser emocionante y agradable. En lugar de ser solo una obligación, se convierte en una herramienta para obtener el control sobre su dinero.

A partir de ahí, pasamos a cómo administrar mejor su crédito. Después de todo, si usted va a estar creciendo en riqueza, el buen crédito será una parte esencial de ello. Esta es la receta mágica que podría cambiar tu vida y guiarte en la dirección correcta.

Pero, también discutimos cómo ser financieramente libre significaba más que simplemente salir de la deuda. Podemos optar por seguir trabajando por nuestro dinero o podemos encontrar maneras de conseguir que nuestro dinero trabaje para nosotros. Saber cómo invertir en acciones, bonos, bienes raíces u otras oportunidades lucrativas puede llevarnos a tomar riesgos que nunca habíamos pensado.

Imagina cómo su vida puede cambiar si no tuvieras que trabajar por cada centavo que ganó. En cambio, el dinero entra en tu vida sin esfuerzo. ¿Qué tan increíble sería eso? Su salud mejoraría, su estado mental mejoraría, su ansiedad sería reemplazada por alegría y excitación. Usted sería libre de pasar tiempo con su familia, tomar vacaciones juntos, o finalmente convertir sus sueños en realidad.

Ya sea que decida invertir en el mercado de valores o en criptomonedas, ya sea que quiera probar con bonos o bienes raíces, ahora tiene las claves para hacer lo que siempre ha querido hacer. Se necesita disciplina y coraje, pero ganar esa libertad puede ser una de las cosas más liberadoras de su vida.

Ahora tiene un mapa para llegar a su meta final de libertad financiera. Utilice este libro como guía y consúltelo a menudo, pero no se limite a ello. No importa cuán emocionantes e interesantes sean los consejos que encuentres en estas páginas, solo hay una manera de que funcionen para beneficiarte, y es ponerlos en práctica.

Algunas personas pueden sentirse abrumadas con esta cantidad de información y tratar de posponer el primer paso hasta que entiendan mejor. Eso podría retrasar sus posibilidades de éxito indefinidamente. No es necesario conocer todos los detalles sobre el mercado de valores para comenzar a invertir. No necesita conocer todos los detalles sobre el mercado de valores para comenzar a invertir. No necesita tener todos los puntos finos para comprar bienes raíces. Todo lo que necesita es el corazón y el deseo de hacerlo realidad.

Así que, adelante... No importa si empieza de a pocos, siempre y cuando de ese primer paso. Tienes las llaves de su propia libertad financiera aquí. Regrese a estas páginas, cree su plan y póngase en marcha. Ya está a mitad de camino; todo lo que le queda por hacer es ir a por ello. ¡No hay tiempo como el presente para cambiar su vida!